世纪波
Century Wave

[日]森 时彦 引导工具箱研究会 著

ファシリテーターの道具箱

組織の問題解決に使えるパワーツール49

引导工具箱

解决组织问题的49个工具

朱彦泽 夏敏 李猛 译

電子工業出版社
Publishing House of Electronics Industry
北京・BEIJING

Facilitator no Dougubako
by Tokihiko Mori & Facilitator no Dougu Kenkyukai

Original Japanese language edition published by Diamond, Inc.
Simplified Chinese translation rights arranged with Diamond, Inc. through BARDON-CHINESE MEDIA AGENCY.

版权贸易合同登记号　图字：01-2016-0911

图书在版编目（CIP）数据

引导工具箱：解决组织问题的 49 个工具 /（日）森时彦，日本引导工具箱研究会著；朱彦泽，夏敏，李猛译. —北京：电子工业出版社，2016.9
ISBN 978-7-121-29771-7

Ⅰ. ①引… Ⅱ. ①森… ②日… ③朱… ④夏… ⑤李… Ⅲ. ①组织管理学 Ⅳ. ①C936

中国版本图书馆 CIP 数据核字(2016)第 202927 号

策划编辑：晋　晶
责任编辑：杨洪军
印　　刷：三河市龙林印务有限公司
装　　订：三河市龙林印务有限公司
出版发行：电子工业出版社
　　　　　北京市海淀区万寿路 173 信箱　　邮编 100036
开　　本：880×1230　1/32　印张：6.5　字数：134 千字
版　　次：2016 年 9 月第 1 版
印　　次：2020 年 9 月第 16 次印刷
定　　价：52.00 元

凡所购买电子工业出版社图书有缺损问题，请向购买书店调换。若书店售缺，请与本社发行部联系，联系及邮购电话：（010）88254888，88258888。
质量投诉请发邮件至 zlts@phei.com.cn，盗版侵权举报请发邮件至 dbqq@phei.com.cn。
本书咨询联系方式：（010）88254199，sjb@phei.com.cn。

前 言

各位在公司或团队中讨论事情时,是否能够做到毫无顾忌地将自己的想法直接表达出来,营造充满活力的讨论氛围呢?又是否能做到充分权衡之后,在充满紧张感的情况下交流意见并产生新的创意,从而令公司或团队成长起来呢?

如果答案是否定的,那么本书中所介绍的引导的意识和方法或许可以帮到你。

什么是引导意识?例如,在发生问题时不直接给出答案,而是在给出答案之前自问“该怎样做才能实现一个让团队能够进步的具有创造性的讨论”的一种“心理态度”,是思考自己该做些什么又该如何下功夫,才能引导团队达到应有的状态和正确的思考过程的态度。

引导方法所指的自然就是实现引导意识的具体方法。例如,在一个互相有隔阂的氛围下,就需要能够消除隔阂的方法。较强的待人处世能力对引导者而言,是一项不可或缺的能力。

当然,仅仅凭借待人处世的能力是无法解决问题的。就像解答几何题一样,只要画一条辅助线就会恍然大悟,问题迎刃而解。

对于面临疑难问题的团队而言,就需要一个作用等同于辅助线的引导者。以什么样的态度对待团队、何时进行干涉、向团队提出哪些问题、干涉到什么程度，这些也都属于引导方法的范畴。

本书就是为引导者们准备的工具箱。为方便阅读，书中总结了无论是在职场、学校还是社交场所等各种场合下都可以用到的工具。另外，本书还在图画方面下了一番功夫，让读者即使不看文字解释也尽可能地可以从图中看明白。如果你希望成为一个优秀的引导者，就可以把自己的问题记在心里，然后翻看本书。相信一定可以从书中发现一些有用的提示。我就是抱着这个想法，和引导工具箱研究会的各位一起创作了本书。

掌握引导技术的最佳方法就是实践。不过，很多人都不知道该如何开始实践才好。本书也是专门为这些人准备的。

当然，就像并不是只要拥有了建筑工具任何人都可以建房子，引导也一样，并不是只要使用了工具，任何人就都可以成功引导。大家可以从本书提到的工具中选择可能用得到的部分先试试看，等熟悉之后再适当扩大应用范围。通过在各种不同的场合实践并积累经验，就可以逐渐掌握引导的意识和方法了。

本书的执笔人之一——东出和矩曾说过这样一段话："只要拥有5项自己擅长的引导技巧，就可以做到很多事了。成为一个合格的引导者，并不需要掌握30个甚至40个那么多的引导工具。"没错，只要从本书介绍的工具中选出几个自己感觉用起来比较顺手的工具去实践就可以了。如果一切顺利，再将这些工具反复用于不同场合，在实践过程中逐渐使之成为自己擅长的技巧。这样就足够了。

对于在某种程度上已经在实践引导技术的人来说，本书可以用作自我检查表。就我个人而言，会参照书中介绍的工具列表寻找在特定情况下可以使用的工具。有时刚好可以找到适合的工具，有时也会找不到。但是即使没找到适合的工具，也能够从工具箱中得到一些提示，然后创造出一个全新的工具。

本书中所介绍的工具虽然是以能让讨论更具建设性、更高效的工具为主，却也不仅限于此，其中还有一些有助于将讨论的结果付诸实践的工具。大部分人都不擅长坚持到底，好不容易得出了优秀的结论，假如无法坚持下去就会前功尽弃。因此，本书中介绍的促进“实践”和“坚持”的引导工具也一定可以派上用场。

本书的由来与结构

本书是由我提议并策划的，而内容则是由实践引导能力的引导工具箱研究会的诸位（大木丰成、大岛友秀、田代纯子、檀野隆一、中西悟司、新冈优子、西野亚希、东出和矩、细田刚、松尾公博）撰写而成。为了使整体内容统一，我负责了本书的综合编辑，并对投稿人的原稿进行了部分修改。因此，我会对本书的所有内容负责。

导论是关于引导技术的详细说明。整理和总结了掌握本书的主要内容——工具的最低限度的基础知识。已经拥有关于引导的基础知识的读者可以跳过这一章。

第 1~4 章是工具集锦，介绍了很多工具。“第 1 章 一定要掌握的 8 个工具”是入门篇，介绍了阅读后面几章中一定会用到的工具。“第 2 章 让思考更简单的 13 个工具”和“第 3 章 助你开会轻松又有条理的 16 个工具”是应用篇，实践对于引导而言非常重要。各位读者可以从目录中选择比较感兴趣的内容开始阅读并实践。“第 4 章 提高执行力的 12 个工具”主要介绍了组织变革的必要工具。希望将会议中的引导方法直接转变为行动的读者，可以在读完第 1 章后直接阅读第 4 章。

森 时彦

目录

导　论

公司内的讨论流程

成为引导顾问！

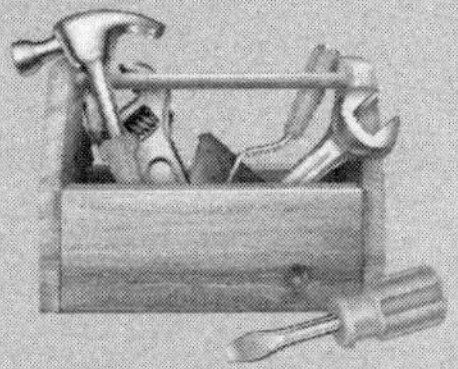

引导技术就是会议技巧?

在大家认识的人里，有没有这样一类人?

- 这个人加入之后，氛围就会发生变化，提高大家的热情。
- 和这个人谈过之后，心情就会开朗起来，人也精神了许多。
- 善于提问，在思考其提出的问题时会受到刺激，充满干劲。

即使你不知道什么是引导，身边也一定有这类人。青木将幸是日本为数不多的专业引导者，他将这类人称为“天生的引导者”。这类有天赋的人才非常稀少。假如不特意去培养这类人才，将会供不应求。有天赋的人才通过系统地学习引导技术，能够使其天赋和才能飞跃性地显露出来。

虽然可能会有些枯燥，不过我还是要在此定义一下引导。我认为引导是“催化知性方面化学反应的触媒”，或者说是“促进人与人之间知性的相互作用的技术”。与其从字面上思考“如何引导”，不如思考“如何才能百分之百地活用这些人的头脑”，或许会更易于理解。

黑田由贵子拥有 10 年以上在日本从事引导教育的经验，可谓引导的先驱。她对引导的定义更加细致。

① 立场中立

② 管理团队内部流程

③ 激发团队合作

④ 帮助团队取得最大的成果

很多人都误以为引导技术就是单纯的会议技巧或主持技巧。引导中的确包含使会议更高效的方法，也有类似主持技巧的内容，比如黑田对引导技术的定义里的①和②。但是，③和④并非会议技巧或主持技巧。激发团队合作和帮助团队取得最大的成果，可以说是领导者需要具备的能力。事实上最近也有越来越多的领导者开始学习和掌握引导技术了。

活跃人与人之间的关系以及团体的思维，从而促进发展的技术；促进具有建设性的讨论、活跃团队、提高实践能力；断绝怒吼、骂声、牢骚和不满，充满全新的创意与笑声的团队。通过引导讨论过程从而创造出以上这些情况，就是引导技术。

“提高团队的知识生产性和创造性。”

这或许就是世界今后最需要的东西。

第三者效应

职业足球赛里经常出现激烈的身体碰撞，从观众的角度来看觉得非常刺激。如此激烈的身体碰撞却没有引起斗殴，是因为双方队伍有一个共同的限制界限的第三者，也就是裁判。例如，日韩的足球比赛，裁判必须由第三方国家担任。我称之为“第三者效应”。

一场比赛必须有规则才能成立，同时也需要同意遵守规则的参赛人员。还有最不可忽视的，就是严格执行规则的裁判。

甚至可以说引导技术的作用就是“第三者效应”。在运动比赛当中，立场中立的裁判的存在是理所当然的。那么在公司内部会议和组织运营方面又如何呢？是否会在讨论时或运营项目时制定一个规则，然后找一个第三者介入来执行规则呢？假如你说“上司不就是为此而存在的吗”，那你根本就没有理解“第三者效应”的本质。这就像在日韩的足球比赛中说“日本也有公正的裁判”一样。

正所谓“当局者迷，旁观者清”，观局者在旁边看，比对局者更加冷静，所以能够看清对手的下一步棋，用以比喻旁观者（第三者）比当事人更能准确判断事物的对错。同理，引导者不是当事人，这一点非常重要。

例如，为控制讨论的流程，最好不要过分参与其中。只有身份不是当事人或利害关系人，才可以从旁观者的角度分析讨论的条理，为当事人指出更高效的讨论步骤（流程）。

我曾在日资企业和外资企业里各工作过 10 年以上。我常常在思考，为什么日本人这么不善于讨论？最后我得出的结论是，因为日本人根本不重视站在第三者的角度冷静地分析讨论的条理和思考讨论的流程。人们常说日本人最擅长团队合作，但这指的只是制作商品的生产现场的工作。在办公室工作的人，其实根本不擅长团队合作，生产力非常低。这主要是因为他们没有接受过交换意见、互相争论从而得到更好的答案的相关训练。但是现在开始还不迟。既然已经意识到了引导的重要性，就赶快开始努力掌握引导技术吧。

三角形引导技术

我们先来大致整理一下引导技术。请看图 1，我称之为三角形引导技术。正如图中所总结的那样，引导技术包括 4 个重要的能力。

（1）设计流程

讨论的过程（流程）对于顺利引导讨论而言非常重要。即使相同的课题，如果次序不正确，就会出现“一着不慎，满盘皆输”的情况。想要顺利引导讨论，就必须事先思考并认真设计讨论流程。确实，有时也会有在毫无准备的情况下受人之托即兴引导也完成得很好的情况。但是，之所以能够完成，是因为在一瞬间脑子里已经设计好了流程。

下面我们来看看设计流程中几个重要的点吧。首先，我们最先意识到的是要明确目标。目标要分成“目的”和“成果”两个部分来分析。“目的”是例如“提高员工的积极性”这种表明意图的内容。但是，只有意图太过抽象，很容易让人在之后产生“今天做出什么决定了吗”的感觉。

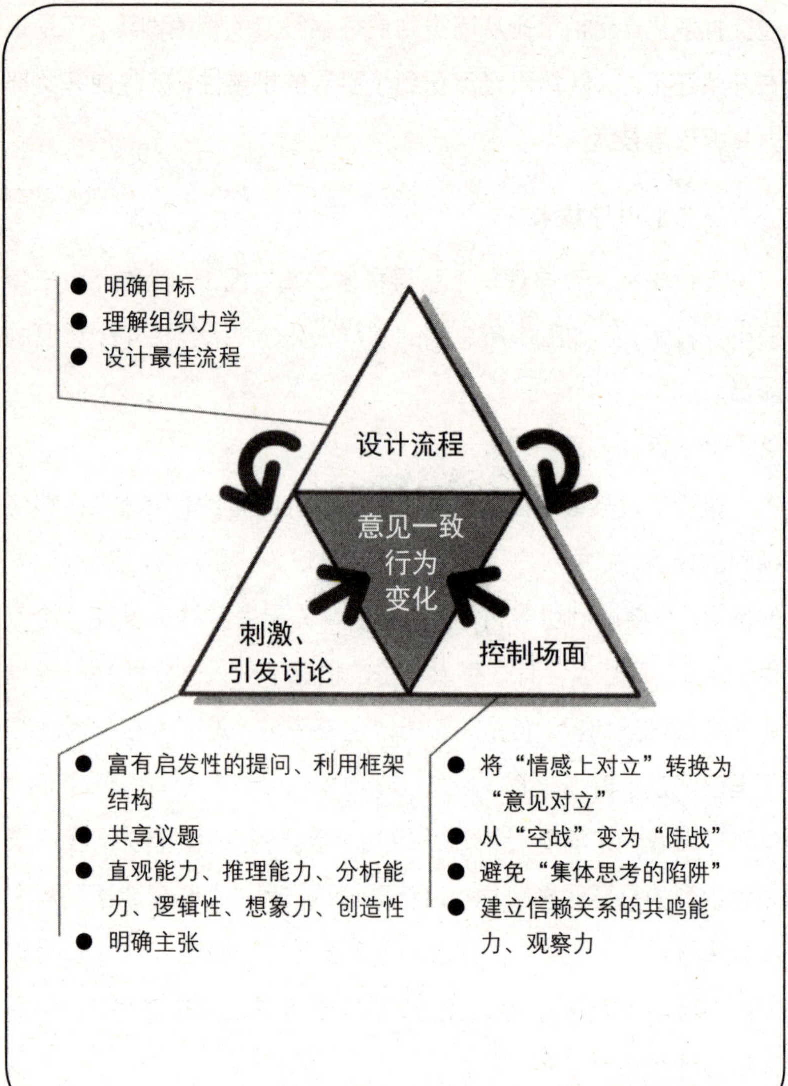
● 明确目标
● 理解组织力学
● 设计最佳流程
设计流程
意见一致
行为
变化
刺激、
引发讨论
控制场面
● 富有启发性的提问、利用框架结构
● 共享议题
● 直观能力、推理能力、分析能力、逻辑性、想象力、创造性
● 明确主张
● 将“情感上对立”转换为“意见对立”
● 从“空战”变为“陆战”
● 避免“集体思考的陷阱”
● 建立信赖关系的共鸣能力、观察力

图 1　三角形引导技术

为了避免出现这种情况，就需要思考“成果”是什么了。成果是指什么呢？假如会议时间是 1 小时，那么“成果”就是这 1 小时后所产生的具体东西。比如，记录谁在什么时间之内要做些什么的“行动表”、决定做或不做的判断结果，等等。在会议的设计阶段提前定好成果非常重要。

明确目标后，就要思考向下一步前进的最佳流程。其中有一项铁则，那就是即使你认为毫无意义，也要保证充足的“发散”过程。就算有些跑题，也要让对方把自己想说的说出来，并给予对方充足的思考时间。假如跳过这个环节，直接“总结”（下结论），就无法收集到足够的创意，同时也会让员工们心有不满。视情况而定，有时“发散”可能需要好几天。

在具体设计流程的过程中，不仅要从逻辑方面考虑，同时也要顾及心理方面。例如，以声音大的人为首的组织，可能就需要把为首的人排除在外进行讨论。选择讨论的参与者也是设计流程的重要因素之一。

为了设计出具有实际效果的流程，需要拥有一定的常识和丰富的经验。要像逐步学习优秀引导者的引导手法那样，平时多注意积累经验。

（2）控制场面

在引导现场总会发生预料之外的事情。在现场，很多时候都很难按照设计好的流程顺利进行。可能会出现当事人比想象的更不愿意开口，或是暗地里在情感方面相互对立等情况。身为一个引导者，必须拥有处理这些情况同时控制讨论流程并维持其生产性的能力。要顾及讨论成员互相之间以及和引导者之间的信赖关系，注意不要失去这种信赖关系。要在平时多磨炼对人际关系的观察力，培养共鸣能力。

在这方面，情商非常重要。情商（Emotional Intelligence Quotient）是美国耶鲁大学的彼得·沙洛维与新罕布什尔大学的约翰·梅尔提出的概念，是指能够控制住自己的感情，根据实际情况顺利控制场面的能力。

控制场面需要做到理解团队讨论时所产生的各种问题，并事先准备好应对方式。我将在本章的后半部分详细说明一下这方面。

（3）刺激、引发讨论

在建立讨论环境时，偶尔会出现即使达到了意见交流活跃这种心理状态，但是讨论却没有得出结论的情况。就像忽然对那些平时只会按吩咐办事的人说“你发表一下自己的意见吧”，他也说不出什么所以然来。因此，刺激参与者慢慢提出一些自己的看法，然后再继续鼓励让他们互相讨论，逐步发展这些看法。这一点非常重要。另外，提出富有启发性的问题（一些比较愚蠢的问题偶尔也很有效果），还有利用框架结构这些行为也都很必要。

这里所说的框架结构是指讨论的结构。例如，想提高生产力，就需要通过流程图找出瓶颈。这便是一种框架结构。参照框架结构让所有人都参与进来，从而激发出全体人员的能力。不善于讨论的人在意识到了这种框架结构后，想必一定可以大幅度提高生产力。前文曾提到“控制场面”时需要情商，现在则需要智商了。

本书中将框架结构作为“引导工具”进行了收录。书中主要介绍的框架结构可以根据重要的流程，分为如图 2 所示的“发散”和“总结”两种。看到这个图，你没必要觉得“哇，这么多。根本记不住啊”，只要从中选出 5 个左右适合自己的工具加以掌握，在实际工作当中就非常实用了。在实践的过程中，可以逐渐增加自己擅长使用的工具。在实际解决问题时参考这个图，再根据实际情况做出调整，一定可以有效地解决问题。

（4）意见一致和行为变化

必须所有人共享讨论结果。在此我就称之为“意见一致”。

充分利用情商和智商控制团队的讨论流程，让所有成员都开动脑筋，这么做所追求的结果就是意见一致。引导的目标是尽可能地促使所有人发表意见，然后协调（双赢或最佳）达成一致。但是在实际情况下并非每次都能得到完美的答案。这时候，就要在现实范围内下一番功夫了。

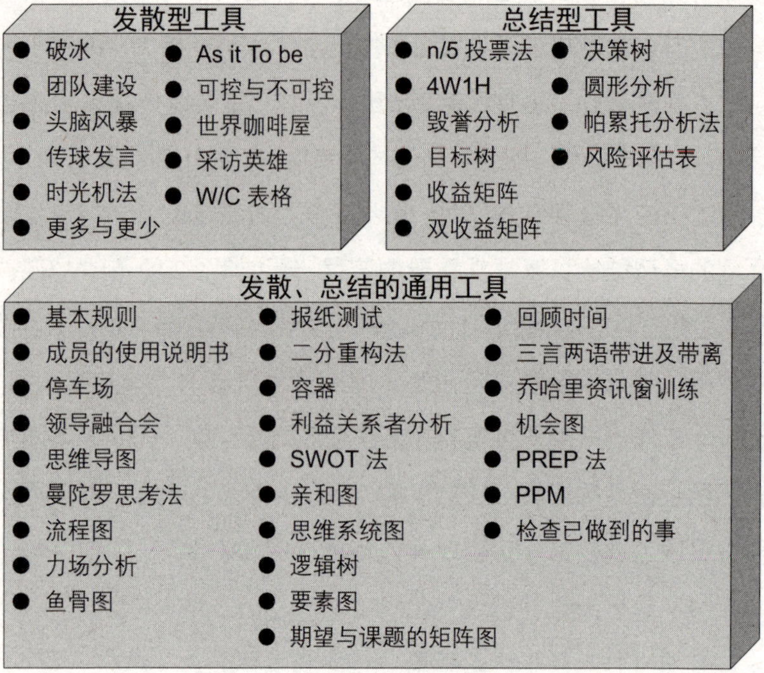

图 2　引导工具箱

方法之一就是先协商出一个决定方法。不能等到讨论进行到了一半才开始用猜拳的方式得出决定方法来，要在讨论开始前就协商好。

“4 点 55 分前意见还未达成一致时，由领导山田负责做出决定，必须在今天 5 点前得出结论。不可拖延。”

即使到时间了意见仍未达成一致，有 4 点 55 分这个条件的限制，大家就会感到压力，从而按照框架结构积极交换意见。然后领导山田再根据规定做出决定即可。延长时间并不代表讨论就一定会往好的方向发展。

我经常听到有人说:“发散容易，总结难。”这话说的没错，因为很多人都忽略了思考总结的流程。请大家仔细反省一下。

“意见一致”固然重要，但是在项目的各种实践活动中，之后的“行动变化”却更为重要。为了使参与者的行为改变，单单“意见一致”远远不够，必须让他们从心底认同，在意识上发生改变。只是共享成果并不能让人产生“认同感”。一起思考、一起共享流程才最重要。前文曾说过引导要注重流程，希望大家能在控制流程的同时重视“认同感”。

引导者所需的“力”

前面已经粗略概括了引导技术，接下来就从另一个角度来看一下引导的要素吧。这些都是引导技术的前提，即性格和精神准备。

- 乐观力
- 积极——能将消极能量转换为前进动力的魄力
- 以未来为重——不拘泥于过去
- 外向——以顾客为重
- 敞开的心扉——开放思想
- 好奇心
- 客观审视自我的能力

- 较高的目标意识
- 系统的思维能力
- 行动力

在“乐观力”这个词里应加上“力”字，是因为这里所指的乐观并非无忧无虑的乐观主义，而是指即使处于悲观的状态下也能直面困难并从中发现希望的“意志”。

“积极”、“以未来为重”、“外向”和“乐观力”是一体的，是激励那些常常“消极”、“追认现状”、“内向”的团队的，是促使他们思考如何才能朝着拥有改变的可能性的未来前进的推力。

“敞开的心扉”和“好奇心”是指相信别人的发言或行为当中蕴含着开辟新路线的创意，时常保持很高的关注度。这也可以说是对团队的一种基本的信赖感吧。另外，引导者还要避免唯心主义的讨论，拥有直视现实情况的“客观审视自我的能力”。

“较高的目标意识”是即使引导者没有投入到讨论的具体内容当中，也时刻不能忘记的一点。引导者对目的的研究必须比任何人都透彻。假如讨论的方向跑偏了，就要立刻发挥自己的情商能力将讨论带回正路。

“系统的思维能力”是指例如“营业部业绩提高对公司整体而言有何作用”这种从整体中抓住问题所在的能力，是思考如何才能做到整体处于最佳状态的态度，和“较高的目标意识”相对应。

很多人都知道“行动力”对引导者来说是最重要的，但是却不知道“行动力”对获取团队信赖而言也是一个至关重要的因素。不光纸上谈兵，还会付诸行动的引导者，可以激励团队。

促进团队思考的3种问题

引导者在讨论现场思考如何才能促进团队思考时，我有几个实践过的方法可供大家参考。下面我就介绍一下。请看图3中的三个圆。

最上面的圆考虑的是“这个团队是否掌握了讨论的整体情况呢”。假如讨论进入了小范围之中，失去了对整体情况的把握，思维开始有偏颇，这种情况下就要用到能让参与讨论的人描述一下整体情况的问题和框架结构了。

与之相反，对整体看得很清楚，但是思考时总是很迷茫没有什么进展，就要考虑“有没有什么办法可以让参与讨论的人从分析的角度思考”。图3中左下的圆即是。

当讨论的角度比较单一时，就要考虑“如何才能让他们主动从不同角度讨论问题”。两种不同的看法（轴）组合起来，有时可以发现一些新事物。图3中右下的圆即是。

在自我提问的同时思考最有效的“工具”，常常可以做到只用一个工具就起到多种作用。

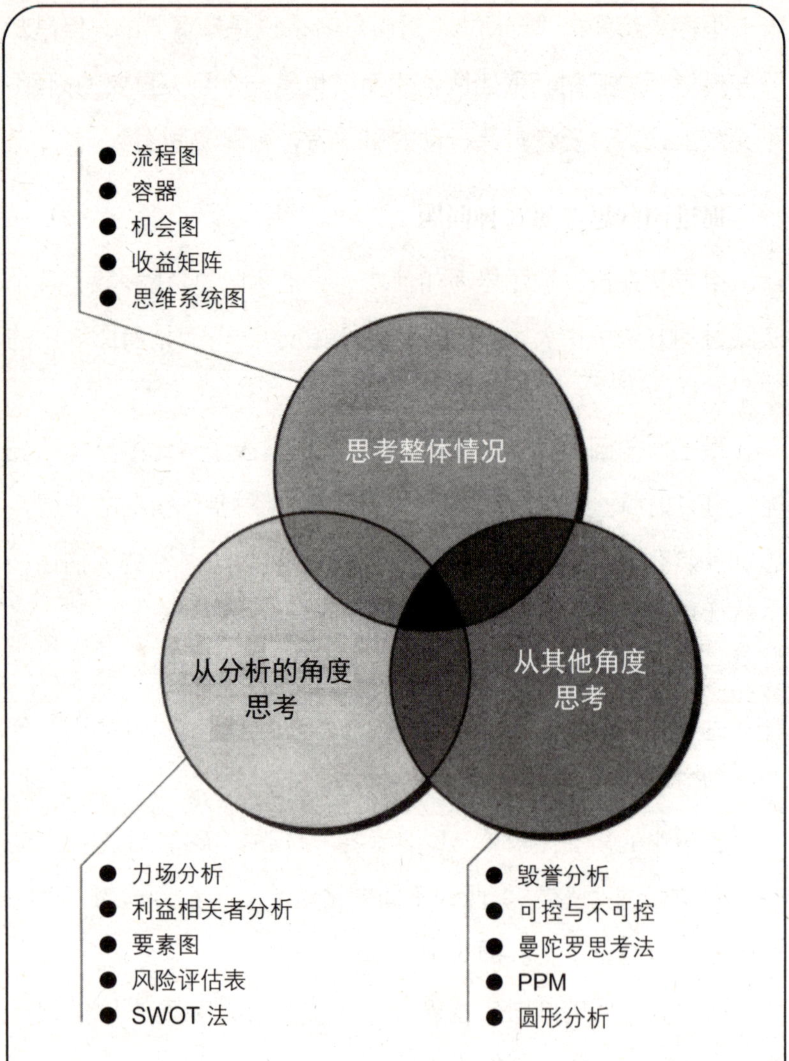

图 3　促进团队思考的 3 种问题

小心集体思考的陷阱

集体一起思考远比你想象的要困难许多。想必各位读者之中一定有人从一开始就因为觉得“自己一个人思考比较好，和其他人一起思考反而无法集中精神”而放弃集体思考吧。

个人的想法固然重要，但是大家聚在一起思考时，可以得出独自一人无法完成的崭新创意，这也是事实。兴奋的瞬间，这正是集体思考的乐趣所在，就如同全是普通人的棒球队战胜了全明星选手的棒球队的瞬间。人们在感受到集体思考的乐趣之后，相互之间就会产生同伴意识，培养出团队精神。即使发生新问题也不会怪罪他人，而是集体共同解决。

为了能够培养出积极向上的团队，在此我希望大家思考一下关于集体思考时容易出现的陷阱。表 1 总结了“集体思考的陷阱”。

表 1 中的“社会型怠工”是指并无恶意但是一旦人数到达一定数目就会发生的现象。解决问题的处理器（头脑）过多，就会产生“自己不参与也没大碍”的想法。

“情感对立”用足球来比喻，就是比赛中因为发生肢体碰撞而变得感情用事。在激烈的比赛当中，“肢体碰撞”在所难免。假如过分惧怕肢体冲突，就不会是一场好的球赛（讨论）。问题是要避免在肢体碰撞后产生矛盾。不过，实际会议中很多人都因为害怕“情感对立”而不敢表达自己的意见。用足球来比喻，就是完全避免肢体碰撞的球赛。能否克服“情感对立”，建立一个良好的讨论环境，就要看引导者的能力了。

“声音大的少数人的影响”是指只根据声音大的人和比较熟悉的人的意见做出决定的现象。这或许是日常会议中最常见的现象。一旦养成了习惯，其他人就会停止思考，不再发表自己的意见。长此以往，公司员工的头脑就会退化。等到专断独裁的社长在某一天发现这个情况后想解决而去找员工谈话时，就太晚了。这是慢性病，短时间内治不好。因此，平时一定要用心倾听声音小和不显眼的意见，要善于倾听并从中挑选出正确的意见。

“集体压力与行动一致”是一种内部人员很难察觉到的现象。这是由于成员的思维受到无形的规定或压力的约束，但是很多时候风土人情和文化这类因素会让这些无形的规定和压力成形。可以说，能否迅速找出问题并想出尽快摆脱这些坏习惯的方法，全看引导者的能力了。

“集体的愚见”是指个人在进入集体之后，就会开始发表愚蠢意见的现象，即智商 150 的人聚集在一起只能得出智商 100 的答案的现象。比如美国社会，人们为了使自己的意见更加突出而互相发表一些不现实的意见时，就常常会产生这种现象。而在日本这种社会里，则会出现更倾向于选择毫无特点的圆滑结论的现象。

表 1　具有代表性的“集体思考的陷阱”

社会型怠工	“差我一个人不参加也没影响”的现象 一旦成员人数高于 5 人就会发生
情感对立	非“意见对立”而是基于“讨厌某人”的这种对立
声音大的少数人的影响	重视“声音大”、“显眼”的意见，忽视“声音小”、“不显眼”的正确意见的现象
集体压力与行动一致	由于无形的集体压力导致在无意之间行动一致。例如，在日本因为“以和为贵”这一规范形成了“压力”，抑制了全新创意的产生
集体的愚见	智商 150 的人聚集在一起只能得出智商 100 的答案的现象。根据想体现自己的意见比他人更“明快”的参与者的心理，采用“极端的意见竞争”或反之选择“受众广的意见”的现象

想办法克服“集体思考的陷阱”

那么如何才能避免陷入集体思考的陷阱里呢？根据情况不同，具体的应对方法也有所不同。我在表 2 里试着总结了能给予大家些许提示的应对方法。

在明确决定好各自的职务后很少会出现“社会型怠工”的情况。这是因为提前分好工是避免“社会型怠工”最有效的方法。

表 2 避免陷入“集体思考的陷阱”的提示

社会型怠工	• 决定每个人的职务 • 利用角色扮演 • 像竞赛一样比发言次数 • 把意见写在便笺上
情感对立 声音大的少数人的影响	• 开始情感对立时就中场休息一下 • 整理论点并记录在白板上（升华为“意见对立”） • 使用逻辑框架进行讨论 • 不要面对面讨论，要让他们面向白板讨论 • 利用角色扮演
集体压力与行动一致 集体的愚见	• 具体写出思考过程，从中找出坏习惯 • 利用讨论现场之外的场所的作用 • 建立促进少数尖锐意见的假设 • 利用破冰和角色扮演 • 利用会议规定和宣言效果 • 利用框架结构 • 利用自检表等工具强制思考

举个例子吧。先设定好一个模拟场景，然后给员工分配职务：小 A 当部长，小 B 当顾客。只需要让员工扮演某个角色就可以令气氛活跃起来。在此基础之上再进入解决问题的环节，就能听

到员工们从各自的立场积极地发表意见了。

有时由于前一天晚上喝多了等原因导致头脑不灵活，也会发生“社会型怠工”的现象。这种情况下，最有效的方法是做一些活动身体的游戏，或者让员工将意见先写在便笺上再加入讨论。

但是，无论准备得多周全，在实际中还是会发生“怠工”的情况。例如，讨论过程中统计数据时，除了统计数据的相关人员外，其他人都在旁边玩。出现这种情况该怎么做呢？我常用的方法是，向团队提出关于职务分配的问题：“你们觉得其他人都该做些什么呢？”还挺有效果的。

我个人认为，“情感对立”在某种程度上是必要的。就像假如足球比赛禁止肢体接触就会不精彩一样，完全避免涉足对方立场和感受的发言的讨论也会不是一次好的讨论。问题的关键在于如何将其控制在讨论结束后不会有遗留问题的程度。足球比赛也是如此，假如情感上出现对立情况，就不仅仅是当事人彼此之间的问题了。第三者（引导者）必须宣布先休息一下，暂停讨论。

在休息的过程中先让双方冷静下来，之后再加入一些幽默感的图解论点并引导“情感对立”变为“意见对立”。在大家休息的过程中，引导者要面朝白板开动脑筋。在图解论点时，可以参考第 1~4 章里总结的各种“引导工具”。相信其中一定有用得到的工具。在休息过后，所有休息前互相争论的当事人面向白板就坐，然后让他们对图解发表自己的意见。如此一来便可以缓和他们心理上的对立情绪。

在互相讨论的同时避免“情感对立”的另一个有效方法，是角色扮演。例如，通过要求员工“你来扮演挑剔型的顾客”的方式，员工就能对营业部部长提出很多平时绝对不会提出的要求。

角色扮演也有助于减少“声音大的少数人的影响”并引出“声音小的宝贵意见”。假如遇到大家不太愿意角色扮演的情况，就先让他们充分理解讨论的框架结构，然后用大约 10 分钟的时间让大家先把意见写在便笺上。写下来的东西可以无视声音大小，直接从“意见的价值”方面做出判断。

假如会议上有地位比较高的人坐镇，员工们就很难提出自己的意见。引导者本身可能也会因为对方的身份而畏首畏尾。此时，就要宣布中场休息来改变一下气氛，休息过后（中间包含破冰环节）让大家在便笺上各自写下自己的意见，然后贴在画有框架结构的纸板上。这样更容易引出“声音小的宝贵意见”。

如何才能纠正“集体压力与行动一致”呢？这就需要参与者尽量转换思想。偶尔还要让他们看看其他公司的事例从而给他们一些刺激。为达到这一效果，最好能有意地让一些公司外部的人员加入讨论。以我个人的经验而言，适当加入几个外国人、在全是男性的讨论中加入女性等方法都更容易得出不同角度的观点，也更容易摆脱“集体压力与行动一致”的陷阱。

还有一个比较有难度的方法，是由引导者将团队的思考模式写在流程表上，然后引导参与者“回顾”。例如，讨论进入一种循环时，就将循环的情况写在流程表上，然后向参与者提出问题：“如何讨论才能打破循环？”

作为一个引导者，指出团队的恶习，比如提示“各位讨论的过程中根本没有考虑到顾客的行为模式”是一个不错的办法。但是就我的个人经验而言，如果不指出应当如何进行讨论的具体讨论方案，很多时候就算参与者都表示同意，在之后的讨论中也无法改正。

就如同成年人从童话故事或语言中可以学到道理一样，在破冰的过程中，我们常常也能得到一些提示。平时工作中或许很难换个角度看问题，但是在工作现场外或会议等场合，经过破冰环节后换个角度进行讨论，也是个不错的方式。因为工作现场外的场合，本身就有改变视角的效果。

充分利用各类人的智慧

经验丰富的年长者去给年轻人的团队当引导者时，往往会禁不住想直接说出应该怎么做才对的“答案”。对于此类引导者，我有一个建议，就是：退一步，思考如何引导才能得出这个“答案”。引导者不能直接提供“答案”，要提供能够自己得出“答案”的思考流程。经验丰富的人的“智慧”非常宝贵。

成员都是同类型人的团队虽然易于管理，却很容易陷入“集体压力与行动一致”的陷阱中。因此这种团队中的成员必须时刻小心。

最近关于职场多样性的争议非常多，但是这个问题的本质难道不是能否引导不同看法得出有创意的答案吗？如何对待职场中的女性不过是细枝末节罢了。

我们应该积极地去建立一个男女不限，成员的年龄、经验、文化背景都各不相同的团队，与此同时，引导者也必须具备让成员的智慧互相作用的引导能力。意识到这一点是拥有引导意识的第一步。

成为公司里的流程顾问！

大家是否有过这样的经历？心里想着“要努力掌握英语口语”、“要成为一个每天早起的人”，但是总坚持不下去。组织也同样如此，很多组织的实际情况都是知道应当做些什么却无法坚持，往往半途而废。据我所知，很多上司都明白要把权限移交给下属，努力推进授权管理。然而实际进行的时候，却总是因为看不下去下属的无能而忍不住插手。从下属的角度来看，就变成了“授权管理说得好听，根本不是这么回事”。批评这种上司“没耐心”倒是简单，却不知道能做到完全授权给下属在这个速度竞争激烈的商务行业里有多难。

出现这种情况，组织里的流程顾问就能起到作用了。流程顾问的职责，是以公司外部人员的身份进入到组织的运营当中引导组织革新。因为有了公司外部的目光盯着，无论组织还是个人都会努力做好自己该做的事。

流程顾问的做法有很多种，我推荐的做法是设置一个有具体的目标数值的项目，然后让顾问参与其中。比如让公司外部的引导者加入削减 20%的库存、回收率提高 1 个百分点、降低 15%的成本之类的项目，团队解决问题的能力就会提高，解决实际发生的问题。流程顾问与战略顾问不同，他们不会直接给出答案。流程顾问所做的是告诉团队："这个时候可以试着写一个流程图"、"按照这个方向思考，下周前想出 100 个创意来"、"你的想法不错，下次讨论前好好分析一下，拿出来讨论"，完成一个解决团队问题的引导者的职责。流程顾问有时也要额外进行一些谈话工作以保证"能干的上司"保持足够的耐心。假如项目成员有未顾及的角度，要指出并督促他们分析和行动。如此一来，团队成员就会自觉解决出现的问题，而且不光完成交给自己的工作，还会为解决问题而去尝试各种事情。虽然流程顾问在日本还不太普及，不过大家不妨试试让他们帮你解决问题。

不过，流程顾问也并非一定要请公司外部的人。流程顾问最重要的是引导能力。大家可以在业余时间试试去做隔壁部门的顾问。另外，已退休的员工当中或许也有不错的人选。可以去委托人事部构建这类人员的联络网。

在现在这个时代，只在既有组织中工作已经远远不够了。要舍弃界限意识，锻炼引导能力，扩展自己的活跃范围。

第 1 章

【入门套装】

一定要掌握的 8 个工具

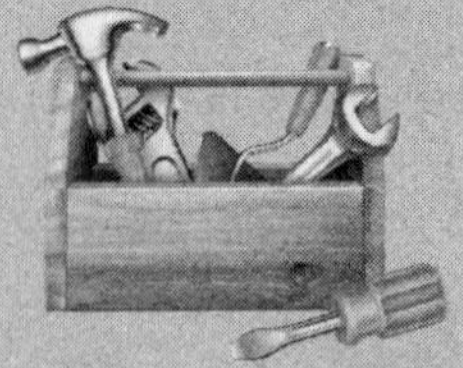

破冰 I	●	和初次见面的人愉快聊天！
破冰（打破隔阂的游戏）	●	用脸猜拳决胜负！
基本规则	●	一开始就定好规则，更容易展开讨论！
停车场（PA）	●	这样讨论就不会跑题！
头脑风暴	●	头脑风暴要这样进行才会顺利！
亲和图	●	分组促进新想法的产生！
目标树	●	共享目标，提高团队合作能力！
4W1H	●	确认行动项目并养成习惯！

◎ 破冰 I

和初次见面的人愉快聊天!

这种时候用得到!

和初次见面的人一起参加研习会或进修。自我介绍时只介绍自己的爱好和工作履历似乎很难给人留下印象。对于普遍认生的日本人而言，自我介绍的这段时间总是感到很不安心。这种时候，就为大家推荐这个能瞬间改变氛围的独特的自我介绍工具。

还有这种工具

假的自我介绍

(所需时间：每人 5 分钟。人数：1~10 人。事前准备：A4 纸。)

1. 回顾自己的人生，回想出 3 个想要告诉其他人的逸事。然后将关键词大大地写在 A4 纸上。但是 3 个之中要有一个是假的。

2. 把写有关键词的纸展示给其他人并进行 3 分钟左右的自

我介绍。

3．自我介绍结束后，让大家投票猜哪个是假的。

从自己小的时候开始思考，一定会有留下深刻印象的逸事。最好可以留有看穿谎言的提问时间，这样能让气氛更加活跃。

介绍他人

（所需时间：人数×10 分钟。人数：5~10 人。事前准备：无。）

1．将互相不认识的两个人分成一组。

2．给他们 5 分钟的时间采访自己的搭档。

3．之后，向所有人介绍自己的搭档。

在介绍方式上加上要求更容易活跃气氛！

例如：

- 从“这个××啊，是世界上最××的人”开始
- 极力夸奖
- 加入一些有趣的习惯

破冰 I（假的自我介绍）

我最近热衷的事

（所需时间：每人 30 秒。人数：10~20 人。事前准备：A4 纸。）

1. 人数较多时将其分为几个小组。

2. 让他们列举出自己的最近热衷的 3 件事并大大地写在 A4 纸上。

3．一边向小组成员展示 A4 纸一边进行说明。

4．让他们选出小组中的最佳的热衷的事，然后介绍给其他小组。

根据“我最近热衷的事”的内容，将爱好相投的人分为一组也会很有趣。

◎ 破冰（打破隔阂的游戏）

用脸猜拳决胜负！

这种时候用得到！

即使特别胡闹的游戏，也能缓和参与者之间的气氛，达到破冰的效果。在此我为大家介绍一个“通过活动平时不怎么用到的脸部肌肉来活动脑筋”的游戏。

工具的用法

1．两人分成一组，面对面。

2．说明猜拳的规则：

- 石头……将脸部肌肉集中在脸的中心位置
- 剪子……收缩并突出嘴部
- 布……张大口笑

3．先从布开始！

4．三局两胜，多比几局。

使用示例

在成员普遍都是 20 多岁、30 多岁员工的策划会上，引导者提出了以下破冰游戏的提议，用以打破现有的氛围。

“下面我们来进行一项能使策划会得出更多创意的游戏。首先，大家两人一组。因为我希望会议里大家的表情能丰富一些，所以现在先练习一下。游戏的内容是用脸猜拳。我来简单说明一下……”

使用工具时的小窍门

- 在成员都比较年轻的时候可以用来打破隔阂。但当参与者年龄都比较大时，就不太适合了。
- 在聚会之类的场合助兴的时候，举办一个 10 元即可参加的猜拳比赛，肯定可以活跃气氛。

破冰（打破隔阂的游戏）

◎ 基本规则

一开始就定好规则，更容易展开讨论！

这种时候用得到！

会议进行得不顺利、气氛尴尬不好发表意见、会议中有人声音特别大等情况，都有其原因。而会议的基本规则就是用于解决这些问题的。在会议开始之前就定好会议的基本规则，更易于大家展开讨论。

工具的用法

1．在会议开始前提议大家一起制定一个基本规则，让参与者们自己制定规则。

2．引导者要将规则简明扼要地列个表。

3．提议达到一定数量后，先暂停，然后一起重新检查规则列表，确认是否所有人都同意。

4．会议中要把规则贴在所有人都看得到的地方。

使用示例

在某连锁酒店的研习会上，其中有一个声音洪亮的上司也参加了。于是大家为了令研习会上言论更加自由，制定了这样的基本规则：抛开上下级关系，所有人说话时都不要用敬语；对违反基本规则的人要给予黄牌警告，3 次黄牌就要请每人一瓶果汁；等等。引导者用便笺纸代替黄牌使用，于是其他人也开始照办，于是大家就开始在愉快的氛围下交换意见了。

使用工具时的小窍门

- 如果大多数人都不知道基本规则具体是怎么回事，引导者就要事先准备好一套规则，然后让参加会议的成员们再加上几条。之后就像使用示例中那样，开玩笑一样用黄牌指出违反规则的人，如此一来就可以在融洽的气氛下让大家遵守规则了。
- 假如大家还不太适应，可以适当减少规则的数量。

基本规则

今天的基本规则
● 遵守时间
● 站起来说话
● 不要有所顾虑，说话时不要用敬语
● 想到就说，想到就写
● 3 张黄牌一瓶果汁
● 讨论停下来了就休息一下
● 不否定意见，称赞意见
● 从他人的意见中构筑自己的想法
● 每 1 小时得出一次成果
● 每 30 分钟笑一次，并让他人笑一次
● 不打断他人讲话
会不会太多了?
将大家定好的基本规则贴在所有人都看得到的地方

◎ 停车场（PA）

这样讨论就不会跑题！

这种时候用得到！

1. 在墙上贴一张纸，大字写上 PA。

2. 当出现偏离讨论主旨的意见时，就在得到发言人的允许后先记录在 PA 上，之后再回到原本讨论中来。

3. 会议即将结束时，再决定如何处理 PA 上记录的内容。

使用示例

在某公司的营业策划会议上，部长突然打岔说道：“我先说点儿题外话……”之后就开始说起了下一年度电视广告策划的话题。这个话题确实与今天的议题相关，但是偏离了会议的主旨。但是，营业部的负责人却已经开始就这个话题发表自己的意见了。这时，担任会议主持的人就贴了一张纸，在上面大字写上“PA”两字，并在下面记录了部长的意见。之后向部长确认：“这个意见很宝贵，为避免忘记先写在上面。您觉得没问题吧？”接着，他就将讨论带回了正题。

使用工具时的小窍门

会议上总有人就同一件事翻来覆去地说。PA 在避免这一现象方面也能发挥其威力。假如对方之后又重提那件事，就可以在 PA 上记录这件事的地方敲几下提醒。

停车场（PA）

营业策划部常规会议
议题：
1. 下一年度全公司营业部员工的采用计划
2. 有关本年度培训工作需要反省的地方
3. 下一年度营业能力培训计划
4. 其他
PA
● 更换下一年度电视广告的代言人
在 PA 的纸上留出足够大的空间，把内容写得显眼一些让所有人都能看到

◎ 头脑风暴

头脑风暴要这样进行才会顺利！

这种时候用得到！

头脑风暴原本是不进行批判并让人不断提出新想法的会议方式。但是大家是否有过这样的经历：等回过神来才发现头脑风暴已经变成了互相批判。这时候，就要看引导者的能力了。

工具的用法

1．给大家一个事先想好的主题，然后让他们各自将想法写在大型便笺（A5 大小）上，一张纸上写一个想法（每人至少写 10 个）。

2．将基本规则中不会抹杀新想法的条目写下来，贴在大家随时都能看到的地方。

3．把所有参与者的便笺贴在墙上并进行简单的说明。

4．在进行说明的同时，必须保证所有人都积极回应，如“不错啊”、“很棒”等。

5．假如觉得想法比较无趣，可以加上自己的新想法，如“这样做会更合适”。

6. 以他人的想法为踏脚石，想出全新的点子。

使用示例

某 NPO 理事会上，正在进行关于下一年度活动的头脑风暴会议，但是中途却变成了互相批判：“你这样不行。谁愿意去做啊？”“实际操作起来太烦琐了。”此时暂时中断会议，让每个理事各写 10 个想法并制定一个基本规则后，再重新开始头脑风暴。

使用工具时的小窍门

- 要明白即使是无聊的想法也能给他人的大脑一些刺激，所以想到什么就尽管说出来。
- 1 000 个想法中就有 3 个好想法。平时也要养成不断思考并写下来的习惯。

头脑风暴

帮助 NPO 发展的提案
将实例写在主页里
制作提交给地方自治区的方案
在报纸或杂志上登悬赏论文
按地区拨预算，让各地区自行思考
为小区会议提供服务
举办定期读书会
举办面向学校老师的公开讲座
举办面向初中生的公开讲座
好的头脑风暴会议，需要充足的事前准备，并营造易于培养薄弱想法的环境

◎ 亲和图

分组促进新想法的产生！

这种时候用得到！

想要收集大家的想法，或是想通过查看收集来的想法促进产生新想法的时候，亲和图是你的最佳选择。不过，要特别注意方法不要用错……

工具的用法

1. 把主题写在大家都看得到的地方。
2. 让所有人在限时内在一张便笺上写一个想法。
3. 把所有想法全贴在墙上，让大家都能看到。
4. 贴好后将意思差不多的想法收集在一起。
5. 给收集好的便笺合集起个名字。
6. 重复 2 ~ 5 的步骤。

使用示例

公司要削减经费，策划部部长山田把相关人员召集起来，用亲和图来收集大家的想法。在把“减少办事处的数量”、“废除董事办公室”等相似的想法收集到一起并命名为“重新考量租借办公室的费用”后，就产生了“增加流动办公室”、“改为租用租金比较便宜的办公室”之类的新想法。把“使用 Skype 来节省电话费”、“开电话会议以减少出差次数”等汇总之后，就能产生“利用信息技术实现公司和家两点一线”、“用即时通信软件替代公司日报”等超越了单纯削减经费的全新工作方式。

使用工具时的小窍门

在收集意思差不多（有亲和性）的想法时，要注意避免按照“人事关系”和“营业关系”之类已有的想法机械地分类。在分类后发现新的意义从而产生更多想法，正是这一手法的有趣之处。

亲和图

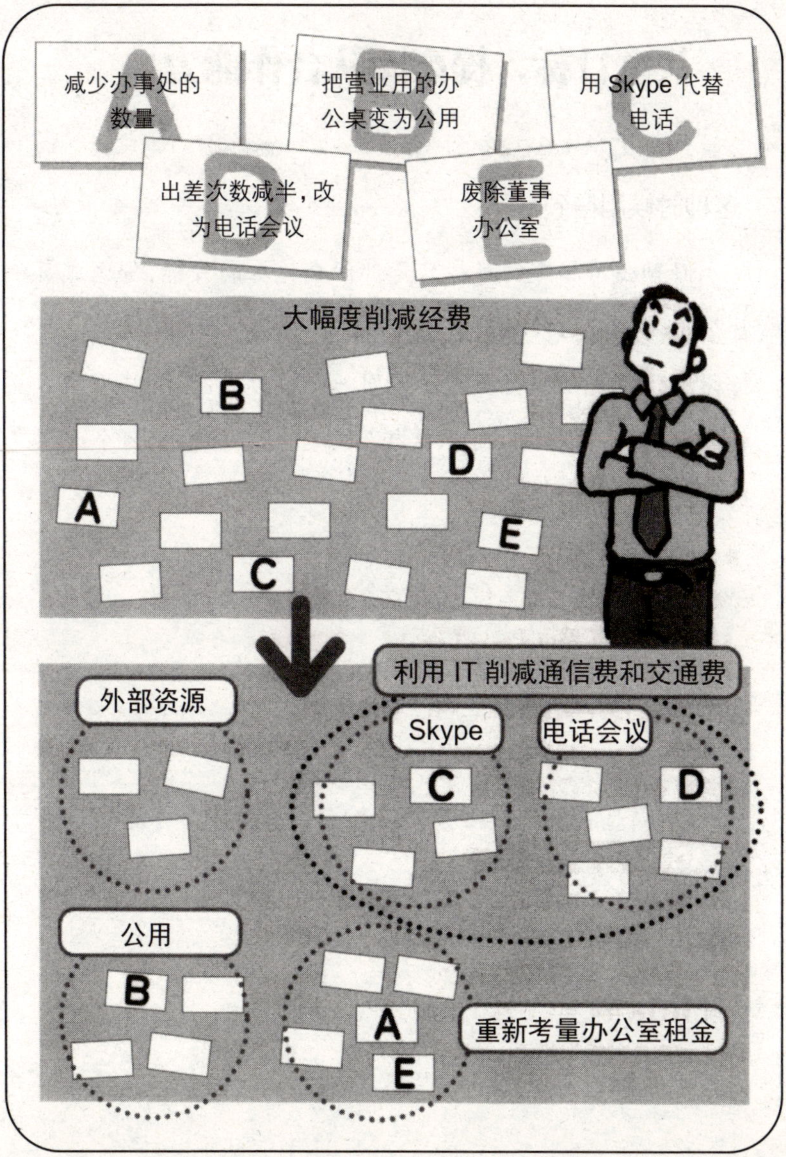
减少办事处的数量
把营业用的办公桌变为公用
用 Skype 代替电话
出差次数减半，改为电话会议
废除董事办公室
大幅度削减经费
B
D
A
E
C
利用 IT 削减通信费和交通费
外部资源
Skype
电话会议
C
D
公用
B
A
重新考量办公室租金
E

◎ 目标树

共享目标，提高团队合作能力！

这种时候用得到！

假如公司指定的目标只是部门全体人的目标，那么成员就很难看清自己的个人目标是什么，也就很难提起干劲。目标树的作用是让公司全体共享同一个目标的同时，将中型目标分解为一个个小目标，这样有助于将目标细化为个人级别。

工具的用法

1. 明确整体的数值目标。

2. 向参与者寻求意见，沿达成目标的手段呈树形展开。

3. 检查是否有遗漏或重复，检查目标间的联系是否存在矛盾，为各个分支设置目标数值。

4. 招募负责人记录目标。

使用示例

某机械制造商的目标是提高 10%的销售额。这次目标不再想像以往一样期待员工个人的本事，而是想充分利用团队力量去进行销售活动。因此便召集所有人一起制作目标树。一开始是把目标分解为开拓新顾客提高 7%营业额和维护现有顾客提高 3%营业额，但是这样只能将将达到目标。因此便把目标数值提高，各定为 8%和 4%，之后所有人又进一步细化目标，明确了达成目标需要采取的具体行动。

使用工具时的小窍门

- 制作目标树可以培养团队精神。
- 将目标分解为个人级别。
- 将各自的目标定为可预测的目标。
- 每个月要重新研究一下目标树。
- 审视自己日常的行为是否有助于达成目标。

目标树

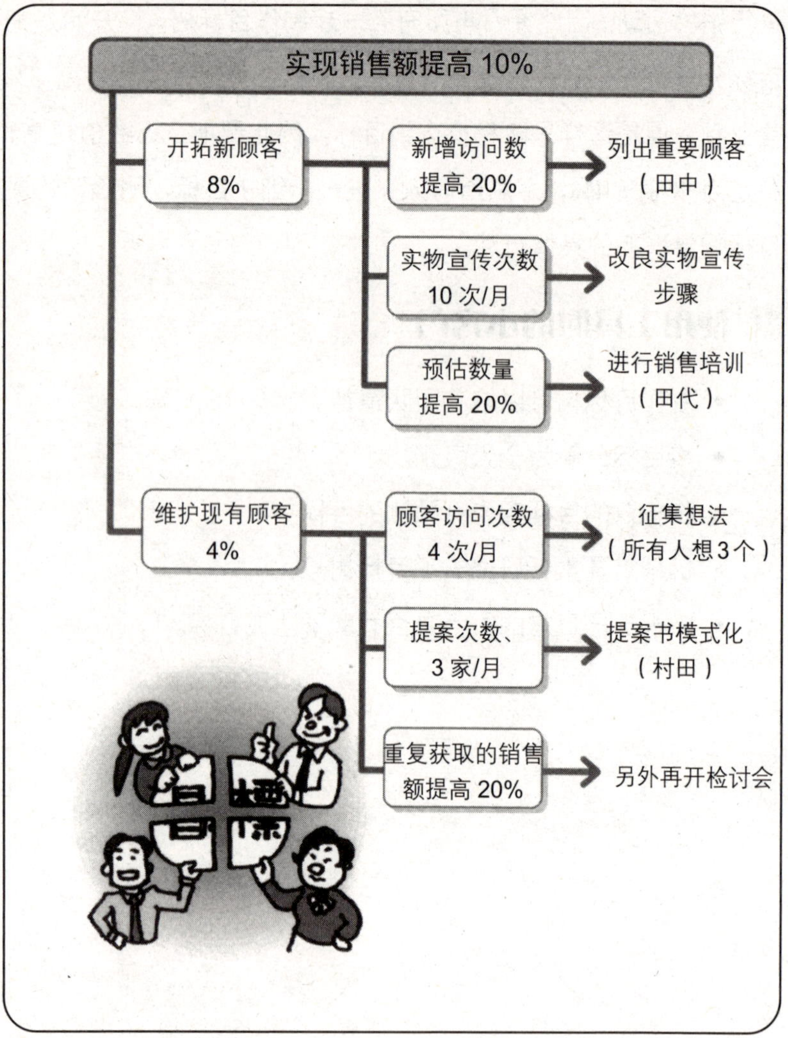
实现销售额提高 10%
开拓新顾客 8%
新增访问数 提高 20%
列出重要顾客（田中）
实物宣传次数 10 次/月
改良实物宣传步骤
预估数量 提高 20%
进行销售培训（田代）
维护现有顾客 4%
顾客访问次数 4 次/月
征集想法（所有人想 3 个）
提案次数、3 家/月
提案书模式化（村田）
重复获取的销售额提高 20%
另外再开检讨会

◎ 4W1H

确认行动项目并养成习惯！

这种时候用得到！

在确认会议上决定的事项和行动项目时使用。只要养成“会议以 4W1H 收尾”和“在开始定期会议前先确认上次会议的 4W1H”的习惯，团队运营就会产生良好的节奏感。

工具的用法

1．制作一个 5W1H 中去掉 Why 的其余五项的表格。

2．会议中一边填 4W1H 的表格一边讨论。

3．4W1H 中的 Who（谁）、What（什么）、When（到何时）是最重要的。

4．下次会议要从确认本次会议的 4W1H 的进展开始讨论。

使用示例

在一个董事和部门部长都参加的会议上，他们自然都很集中精神讨论本次会议的课题。负责主持本次会议的木村，为避免本次会议变成董事们的独角戏，便在白板上逐一写下行动项目并向其他人确认："行动（What）这么写可以吧？"然后向参与者提问："这个行动由谁（Who）来负责？""要做到什么时候（When）？"同时继续会议。在下周跟进本次会议时可以从重新确认这个表开始。

使用工具时的小窍门

4W1H必须写在大家都能看到的地方，这一点非常重要。可以写在白板上，也可以直接写在电子邮件里，然后把邮件内容放到大屏幕上，会议结束后就可以直接发送给相关人员。这样做可以提高会议的效率。

4W1H

◎ 小专栏

便利的引导小工具和大工具！

引导时为了共享智慧，会用到各种文具，如白板、白纸、图钉、胶条、磁铁等，这些都是一定会用到的。除此之外，最近还新出了很多非常便利的工具。在这里就为大家介绍一些“引导者工具研究会”推荐的小工具和大工具。

画板

你可以把它想象成一个大型便笺。可以随时贴在墙上，摘下来也很方便，基本不必担心会损坏墙壁。

把讨论过的内容全写上，再贴在大家都能看到的地方，有些一开始觉得没什么的内容，之后可能会变得很重要。或许能给大家的大脑一些意想不到的刺激。

便笺

76mm×127mm 尺寸的便笺大家都比较熟悉了，最近还开始出现了 A5 大小（148mm×210mm）的便笺。这个大小的便笺贴在墙上，即使远处也能看清楚，非常方便。

马克笔

往贴在墙上的纸上写东西时总担心会透过去。使用水性马克笔就没有这个烦恼了。“引导者工具研究会”推荐三菱的 Prockey 马克笔，不仅不会透过去，还无异味、颜色丰富。开会时可以备上一个 8 色套装。

数码相机

举办一天研习会大概需要用到 20~30 张的画板或白纸。要把贴在墙上的内容都记录下来还是挺费精力的。过去都是由引导者或助理记录下来或是录入电脑里，近年来都是用数码相机完整地记录下来。这比把不知以后还用不用得到的内容也全都记下来要方便多了。用数码相机能把所有细节都拍下来，用电脑看的时候还可以任意放大和缩小。手机的相机功能也非常有帮助。

计时器

“请在 30 分钟内给出答案。”这种限时讨论更能令人集中精神。这时就要用到计时器了。计时器会在指定时间用声音、灯光或震动提醒。像 DRETEC（多利科）、SATO（佐藤条码）这些品牌，都可以买到很多百元以内的东西。还有一个更方便的工具就是在电脑里显示倒数计时的软件。开研习会时打开这个软件就能让参与者们自行管理好自己的时间。

作战室（War room）

作战室不是一般的会议室。作战室是窗户要少、还要在四周墙壁上贴上纸张或是四周放幻灯片的屋子。最近有卖那种可以当做白板使用的隔断墙，可以买来围一个角落用作作战室。放弃口头讨论的“空战”改为在墙壁之类的地方边写边讨论的“陆战”，选择一个适宜的房间（角落），严禁非相关人员进入以保留讨论过程中写下来的内容。过了几天想继续上次的讨论时，这个作战室就显得非常方便了。

第 2 章

【初级套装】

让思考更简单的 13 个工具

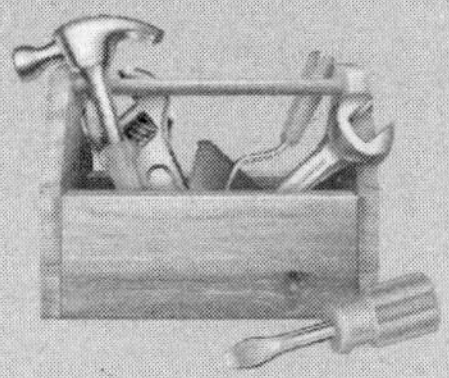

破冰 Ⅱ	●	你也需要做些伸展运动！
传球发言	●	一个球就能让交流很顺利！
可控与不可控	●	集中精力于能做到的事！
更多与更少	●	轻松共享理想状态！
As is To be	●	共享理想状态！
毁誉分析	●	将赞成和反对的理由全写出来！
流程图	●	打破瓶颈！
收益矩阵	●	利用双轴筛选想法！
圆形分析	●	用圆形分析清楚区分！
报纸测试	●	解决虚假问题！
曼陀罗思考法	●	通过多角度思考促进思维展开！
帕累托分析法	●	别再做无用功了！
回顾时间	●	培养善于从日常经历中学习经验的团队！

◎ 破冰 Ⅱ

你也需要做些伸展运动！

这种时候用得到！

日常会议中感到有些疲倦，和不熟悉的人一起做项目，出现这类情况时，就到了能转换心情并激发出积极能量的破冰游戏起作用的时候了！不仅会议刚开始时可以用，在会议过程中陷入僵局时或是刚吃过午饭想赶走困意时，破冰游戏也颇具效果。

➘ 还有这种工具

头脑风暴 GO！

（所需时间：10~20 分钟。人数：10~50 人。事前准备：纸和笔记用具。）

人数较多时可分为多个小组。每组找一个负责记录的人，记录下小组成员回答引导者提问时的答案。

提问例子：

多提出一些有意思的问题，如超速的理由、迟到的理由、圆的东西、休息日里想到的事、红色的东西等。另外，以小组为单位，比赛哪组回答的数量更多，可以让气氛更活跃。

汉字测试

（所需时间：10 分钟。人数：10~50 人。事前准备：纸和笔记用具。）

人数较多时可分为多个小组。准备一些有意思的汉字测试，举办个人赛和团体赛。个人赛和团体赛各 2 分钟。在团体赛开始之前，给出一段作战时间（1 分钟）让各组思考如何配合能写出更多汉字。这样还能同时展开团队建设工作，一举两得。

测试例子：

- 写出含有“心”的汉字。

（例如，必、愿等，大约有 100 多个汉字含有“心”呢！）

- 写出“口”字加两笔的汉字。
- 写出拼音是“ke”的汉字。

完成测试之后，一定可以提高大家的集中力，同时也能锻炼一下大脑。

寻找有趣的事

（所需时间：每人 30 秒。人数：10~50 人。事前准备：无。）

1．1个人先提出话题“今天发生了一件很有趣的事……”，然后点下一个人。

2．下一个人也继续说“今天发生了一件很有趣的事……”，然后再点下一个人。

3．假如有人想不到有趣的事，就要用心讲一些积极的事。例如，“话说回来，××很不错啊”。

4．所有人都要进行一遍。

所有参与者都互相交流最近发生的好事、快乐的事、感动的事，如此一来会议气氛就会发生变化。或许还能从此学会积极思维！

使用工具时的小窍门

假如你认为“在培训和研习会上做破冰游戏倒是没问题，平时的会议上就有点……”，不妨找一个人负责思考上文提到的那些问题的内容。试着在会议开始时说“今天的破冰负责人是高木”，相信一定能改变日常会议的氛围！！

破冰 II（汉字测试）

◎ 传球发言

一个球就能让交流很顺利！

这种时候用得到！

讨论中发言较少或是有人独占发言权时，简单的一个球就能让讨论活跃起来！规则很简单，拿着球的人才能发表意见，其他人只能静心聆听。是不是感到很难以置信？只需要这么简单的一个球就能让讨论变得如此顺利。

工具的用法

1．参与者要坐在所有人都能看到的地方。

2．从拿着球的人开始说。

3．参与者要看着拿着球的人，集中精神听他讲话。

4．发言结束后，把球交给下一个人。

5．拿到球的人必须说些什么。

使用示例

1．在互相都是初次见面的学习会开始时，担任讲师工作的人把球交给一名参与者，然后说明球的使用方法并督促其自我介绍。从中间开始，参与者就开始互相扔球传递，学习会便在亲切友好的氛围下开始了。

2. 在发言情况不均衡的会议上，为了让所有参与者都发表自己的意见，便加入了传球发言。这个会议也从中间开始，参与者就互相扔球传递，变成了一个所有人都参与其中、充满欢声笑语的会议。

使用工具时的小窍门

- 讨论不活跃时球就会闲置。这时，引导者就要指出："球停下来了哦。"
- 扔球时不妨带着对对方的情绪（怒气、赞同等）扔。肯定会令会议充满笑声。
- 假如手边没有球，可以用饮料瓶代替。

传球发言

常使用橡胶制皮筋毛毛球
你们好好听别人说的意见啊！？
用了球之后!!
有球真好！
我拿着球呢我来发言
下一个把球给我
得好好听！
认真倾听！
很清楚谁是发言人，会议进行得更顺利！

◎ 可控与不可控

集中精力于能做到的事！

这种时候用得到！

无论讨论多久“做不到的事”和“改变不了的事”都是在浪费时间。这个道理大家都明白，但是却总是不自觉地去讨论。现在介绍的这个工具就是帮助大家将注意力从“不可控”的事转移到“可控”的事上的工具。

工具的用法

1．在墙的一面贴上写着“可控”的纸，另一面贴上“不可控”。

2．让参与者各自将自己的意见、想法写在便笺上（每张上写一个内容）。

3．让参与者自行判断自己的便笺应该属于哪一面，然后贴上去。

4．等所有想法都提出来之后，大家一起面向“可控”的那面墙进一步讨论。

使用示例

零售连锁商店的店长会议上，100 多位参与者每 10 人坐一桌。只由总公司宣布联络事项太单方面了，因此要求每桌就“日常工作中遇到的困难”互相交流一下。不过，为了避免会议变成抱怨大会，便在每桌准备的白板右边的 1/3 处画了一道竖线，在较窄的右侧写上“不可控”，在较宽的左侧写上“可控”。

使用工具时的小窍门

- 除了“可控”与“不可控”，也可以用“能做到的方法”与“做不到的理由”、“消极”与“积极”来替换。假如总有人旧事重提，可以试着用“过去的事”与“未来的事”来分类。
- 对于“不可控”的事也不必严格禁止。很多情况下，适当的“不可控”其实反而是一种润滑剂。可以带着一些幽默感问其他人该贴在哪面墙上来活跃气氛。

可控与不可控

小组名称：ROCK YOU
主题：“在完成日常任务时遇到过什么困难？”
“可控”
越来越多的员工轮值时旷工
员工教养太差
促销产品类型太单一
想要更吸引人的商品
不认真学习员工手册
市场营销太无趣
上班时间太长
想要假期
后继无人
“不可控”
总公司的销售目标过高
地区经济不景气
附近的大工厂搬走了
就按照这个比例将“不可控”的事变为“可控”吧

◎ 更多与更少

轻松共享理想状态！

这种时候用得到！

在规划前景的过程中希望成员们可以共享理想状态时，单纯问他们“希望将来是什么样子”也很难得到答案。问成员“今后要增加些什么，减少些什么”更容易让大家共享具体的理想状态。

工具的用法

1. 将墙分为两部分，一边写上“要增加的”，另一边写上“要减少的”。

2. 给参与者 20 分钟时间思考要增加什么。然后引导者将参与者的发言记录在贴在墙上的纸上。

3. “要增加的”部分结束后，再用同样的方式进行“要减少的”那部分。

4. 记录完毕后再参考整体内容来共享未来的预想。将共享的内容编写成文章会更有效。

使用示例

一个持续快速发展的创业公司虽然表面看起来光鲜亮丽，实际上每天都因为人手不足而加班。某天，社长把所有主要员工都召集起来一起规划前景。首先问出员工关于“更多与更少”的预想。由此想象出的未来是成为一个能挑选收益高的顾客接单的专业集团。然后社长提出“为了这个目标我们现在必须做些什么”的问题来征集员工的意见和想法。

使用工具时的小窍门

- 要规定具体的时间。例如，“3 年后增加了什么？”
- 给出充分的时间让员工就关于“到时自己和家人会是什么样子”、“社会上会发生什么”的问题发表自己的看法。

更多与更少

要增加的

- 笑容
- 净利润
- 销售额
- 员工数量
- 老客户数量
- 电话
- 未交货的订单
- 假期
- 知名度
- 竞争对手
- 工资
- 顾客单价
- 综合情报
- 综合分析
- 有计划的行动
- 目标管理
- 员工手册
- 定期会议
- 反馈
- 成本意识
- 计数分析
- 共享目标
- 同伴意识
- 专业知识

要减少的

- 加班时间
- 口径不一
- 顾客投诉
- 突发情况
- 无计划的行动
- 无利润订单
- 擅自认为
- 强加工作
- 口头指示
- 不公平的评价
- 下达“社长这么说你就这么做”的指示
- 交货时间上的失误
- 系统故障
- 库存
- 没用的工作

提取出发展前景

3 年后，我们的办公室会充满笑容。员工会成为各个领域里的专业人士并以此为荣努力工作，发挥出出色的团队合作能力。销售额增加到 3 倍，业务内容逐渐向高收益转变。在经营方面彻底进行计数管理，实行科学的管理。

◎ As is To be

共享理想状态！

这种时候用得到！

在规划前景的过程中，假如出现现状与理想状态容易混淆的情况，那么明确并共享成员对未来的预想对此会有帮助。

工具的用法

1．将墙分为两部分，一边写上“As is（现状）”，一边写上“To be（理想状态）”。

2．给参与者 20 分钟左右的时间写出“As is”。

3．写完“As is”再给 20 分钟左右的时间写出“To be”。

4．所有人一起对比“As is”和“To be”里所写的内容并进行删除或补充，共享理想状态。

使用示例

业绩不佳的某加工食品制造商的厂长认为工厂再继续这样下去不行，于是就决定召集员工一起规划公司前景。先把会议室的墙用胶带分为左右两部分，左侧留出写“As is”的地方，右侧留出写“To be”的地方，然后让员工将现状和与之相对的未来的理想状态写在便笺上并贴在墙上。

使用工具时的小窍门

- 所有人一起对比“As is”和“To be”里所写的内容并进行删除或补充，共享理想状态。要重视这个过程。
- 成功共享理想状态后，推荐指导员工讨论实现“理想状态”的步骤、战略和实行计划。

As is To be

As is（现状）

- 保质期的管理问题
- 原料的成本增加
- 销售量下降
- 气势与性情主义
- 制造与营业间传达错误
- J-SOX（内部调控）不协调
- 主力产品一成不变
- 看不到公司的未来
- 顾客高龄化（产品不受年轻人欢迎）
- 不教育员工
- 企业形象太古板
- 家族企业性质
- 上情下达
- 员工高龄化

To be（理想状态）

- 确立杜绝违规行为的经营文化
- 摆脱家族企业性质
- 全员参与策划型经营
- 开发面向年轻人的新产品从而提高 30%的销售额
- 销售引领产品开发
- 科学经营
- 借由热销商品提高企业形象
- 应聘者源源不绝
- 国外的销售额为 25%

↓

根据两者间的差别确立目标并制定行动计划

◎ 毁誉分析

将赞成和反对的理由全写出来！

这种时候用得到！

像赞成或反对这种简单的选择，有时也很难达成一致。毁誉分析是通过列举出赞成意见（誉）与反对意见（毁）促进团队决策的一种简单又实用的方法。所有人共享赞成与反对的理由可以提高对决策的认同感和当事人意识。

工具的用法

1．在白板中间画一条竖线，在左侧上方写上“赞成”，右侧上方写上“反对”。

2．所有人围绕采取某提议的理由和优势开展头脑风暴，并写在白板左侧（15~30分钟）。

3．接下来，所有人对反对的理由和坏处展开头脑风暴，并写在白板右侧（15~30分钟）。

4．参考赞成与反对两方面的意见，将两边比重相当的条目分别去掉。

5．参考剩下的项目得出结论。

使用示例

某人力资源公司的营业部正在针对削减成本的策略，讨论营业人员的办公桌是否应当改为公用办公桌。大家的意见分为两类，一类是每天按时上下班认为公用办公桌没问题的支持派，另一类则是想到在公司工作时没有自己专用的办公桌会很麻烦的反对派。于是大家一起把赞成意见和反对意见都写在了白板上。

使用工具时的小窍门

所有人一起定好时间，然后让每个人思考赞成方与反对方的意见，是这个工具的独到之处。利用角色扮演更容易让人发表自己的意见，同时参与者之间也不会发生争执。这个工具非常适合不善于辩论的人。

毁誉分析

板书示例

主题：办公桌公用的是与非

誉（赞成）

- 可以削减成本
- 能扩大办公面积
- 心情很舒畅
- 桌子上不会再有散乱的文件
- 会变得很整齐
- 本来也不怎么用办公桌

毁（反对）

- 担心使用桌子的先后顺序——月末之类的时间段会比较忙碌
- 需要用时却没有会很麻烦
- 公司里没有属于自己的位置了
- 不能放个人物品了
- 无法管理考勤
- 有可能出现不来公司的人

独到之处是不辩论，一起思考

◎ 流程图

打破瓶颈!

这种时候用得到!

在改善生产率的过程中发现容易发生问题的工程时，不妨试试大家一起制作工作流程图，即流程“可视化”，有助于从整体中找出瓶颈和发现解决问题的方法。

工具的用法

1．决定想要改善的流程的起点与终点。

2．召集所有相关人员，在一面面积较大的墙上画出大致流程。

3．大致画出流程后，找出要大家注意的部分，根据需要再画出更具体的流程。

4．针对解决瓶颈的方法展开头脑风暴。

使用示例

出售富有个性的私人定制摩托车的某连锁店，公司内部流程是先将订单文件传真给营业总部，再由营业总部向工厂发送生产委托书。在召集店员、营业总部员工和工厂负责人一起画流程图后，画出了如下页图所示的流程。根据调查得知，各连锁店发来的订单文件只是格式不同，内容都是原原本本地直接填到发给工厂的生产委托书里。“既然如此，干脆由各连锁店直接委托工厂生产，不就可以大幅缩短交货时间了吗？”依照这个思路，将流程改为准备出兼具订单功能的生产委托书，由各连锁店直接同时传真给工厂和营业总部。由此便可以缩短顾客拿到产品前的生产周期，营业总部也不必忙于处理每天的订单，就有更多的时间做外勤了。

使用工具时的小窍门

- 引导者需要注意避免“现有流程”与“理想流程”在讨论过程中混淆。
- 不能照搬手册上的流程，要画出实际流程。
- 使用便笺画流程图有利于不断摸索新流程。

流程图

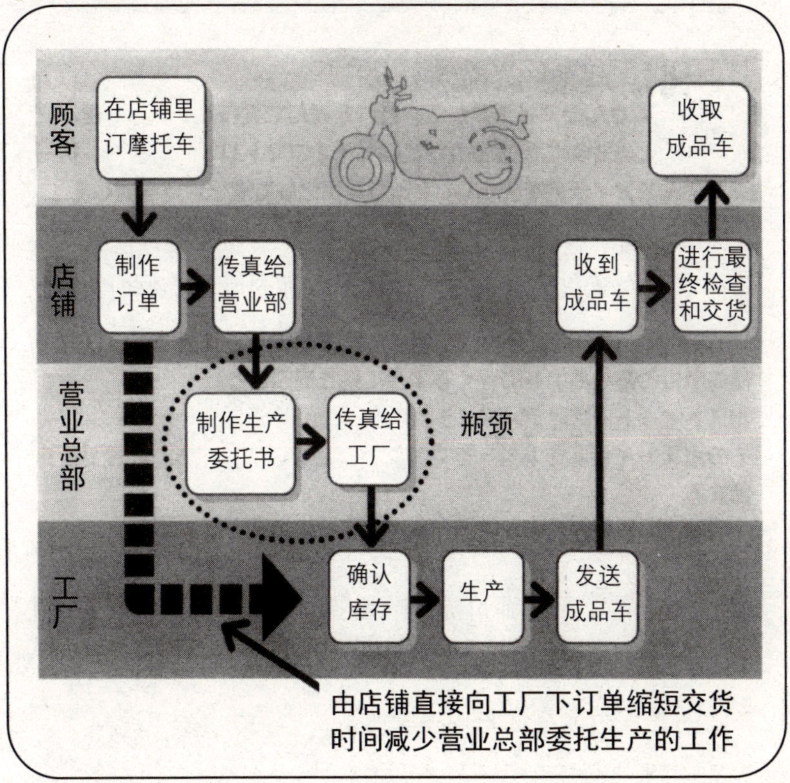
顾客
在店铺里订摩托车
收取成品车
店铺
制作订单
传真给营业部
收到成品车
进行最终检查和交货
营业总部
制作生产委托书
传真给工厂
瓶颈
工厂
确认库存
生产
发送成品车
由店铺直接向工厂下订单缩短交货时间减少营业总部委托生产的工作

◎ 收益矩阵

利用双轴筛选想法！

这种时候用得到！

在从众多想法当中选出可实行的部分时，收益矩阵有助于尽可能合理地做出判断。从判断标准中选择两项来评价想法，通过双轴使评价可视化，以便做出决策。

工具的用法

1．选择两个用来评价提议的重要的轴（一般是“效果大小”和“成本”），在纸上画出由这两个轴组成的矩阵（制作双轴时要以右上的提议为最高优先顺序制作）。

2．每张在便笺上写一个想法。

3．把便笺贴到矩阵上时大家一起讨论该贴在哪个位置。

4．从右上角开始依次选择有助于达成目标的想法。

使用示例

1．项目成员互相交流解决问题的方法。效果固然重要，但实现的速度也很重要。因此便以这两项为标准制作了矩阵筛选想法。

2．征集营业部削减业务经费的方法时收集到了很多想法。然后为了筛选可行的想法，就用费用与效果制作了矩阵，由所有提议人一起商量着排出优先顺序。

使用工具时的小窍门

根据效果大小和成本多少严密筛选提议很费时间。不妨不要拘泥于过分严密的思考，直接将提议都放在矩阵里就很容易筛选了。具体的研究之后再进行足矣。

收益矩阵

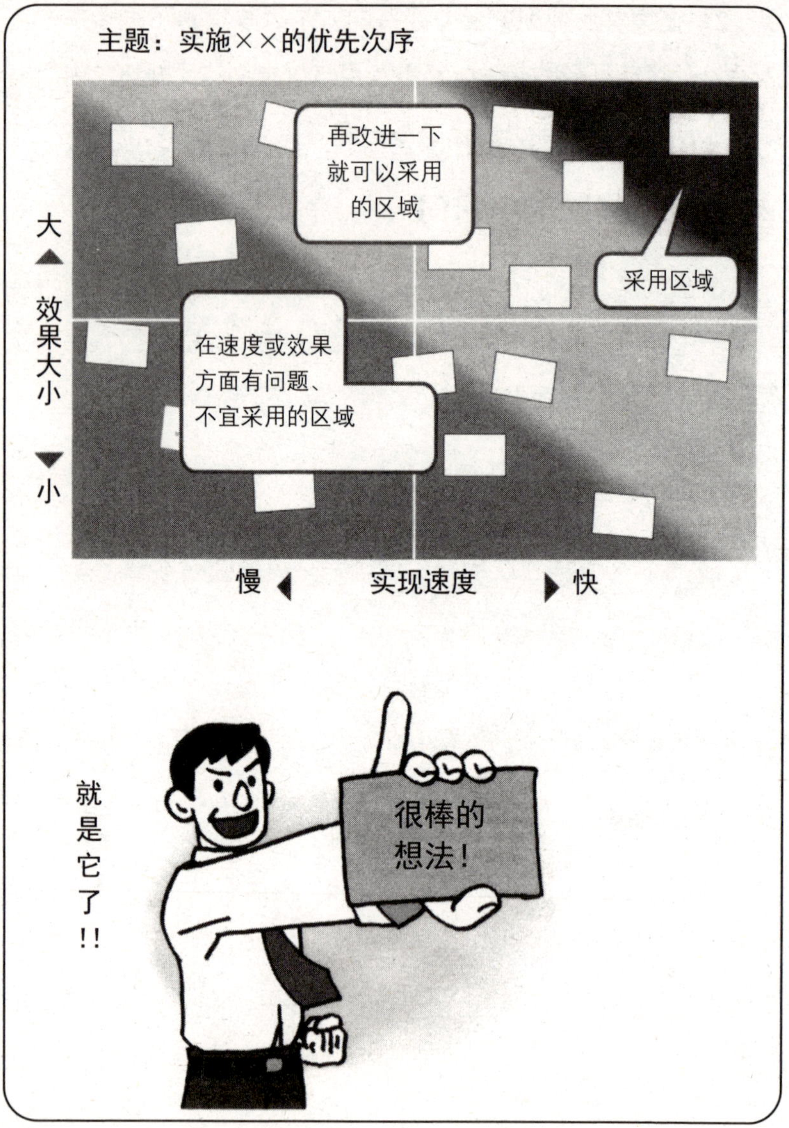
主题：实施××的优先次序
再改进一下就可以采用的区域
采用区域
在速度或效果方面有问题、不宜采用的区域
大
效果大小
小
慢
实现速度
快
就是它了!!
很棒的想法！

◎ 圆形分析

用圆形分析清楚区分！

这种时候用得到！

当定义或作用等混淆时，以图解的形式列出 In（包括）和 Out（不包括），有助于达成共识。

工具的用法

1．像右图那样在纸的正中间画一个大的圆贴在墙上。

2．在纸的上方写上主题（如“市场营销工作”等）。

3．参与者各自判断自己写在便笺上的内容应贴在圆内（In）还是圆外（Out）的同时，与其他人一起讨论。

使用示例

某家连锁店在职责分配上总是争论不休：“那明明是市场营销的工作啊。”“不对，这是商品策划该做的事。”这一天，这家店也在进行没有结果的争论。虽然老员工在教导新人“市场营销是指……”，但是新人却说“不管你怎么说，做不到的事就是做不到”，完全听不进去。于是，在某一天他们如右图所示画了这样一个图，然后召集了所有相关人员一起讨论，让所有当事人在“争论焦点的职责（行动）”方面达成了共识。

使用工具时的小窍门

将“行动级别”尽可能写得具体一点可以避免变为抽象论，总结起来也更方便。例如，“竞争分析”要写成“每周去竞争对手的店铺调查热销商品”，与实际业务紧密相连，消除相关人员的不满。

圆形分析

◎ 报纸测试

解决虚假问题！

这种时候用得到！

在养老金、建筑、电器、汽车、食品、看护等各领域，品质虚假问题被曝光以及组织内存在违法行为的事件时有发生。大家不要觉得这些事都与自己无关。你在工作的时候，有没有遇到过心里持怀疑态度的情况呢？这时，这个工具就派上用场了。

工具的用法

1. 大家一起找出日常工作当中心里觉得“这么做合适吗”的行为。

2. 和相关人员一起讨论：“明天报纸上出现一页这样的报道会如何？”（15~30分钟）

3. 假如觉得“这可不得了”，就报告给上司，和上司一起做报纸测试。

使用示例

桂先生在某产品制作公司工作。他对自己负责的工程抱有疑问，与上司商量却得到了这样的答复："你不要在意这些，只要按上面说的做就行。"和其他一起负责的相关人员做过报纸测试后，所有人都感到这样做会有麻烦，于是使用电脑合成了一个新闻报道问上司："假如出现这种报道怎么办？"准备和上司重新商量一下。

使用工具时的小窍门

比起通过语言让人自行想象，准备一个能让人主动联想到报道出现后的情况的物品（如"报道虚假问题的报纸"等）更有效。正所谓百闻不如一见！

报纸测试

◎ 曼陀罗思考法

通过多角度思考促进思维展开！

这种时候用得到！

在讨论拥有一个大主题的同时还想思考多个副主题的时候，这个工具可以有效帮助避免偏颇并巧妙地引出富有创造性的讨论。利用这个工具，可以在不脱离主要主题的同时写出 4~8 个副主题，因此参与者可以鸟瞰整体，有时还能发现其中意想不到的联系。

工具的用法

1．在白板（纸）的正中大字写上主题（文字和概念）。

2．在把意见写上去的过程中，脑海里要注意整体排版（如 4 等分、9 等分等），根据需要将副主题写在分割好的框里。

3．将从正中的主题和框里的关键词中发现的想法和意见写下来。再用不同颜色表现其中的关联，或用箭头将其联系起来可以引申出更多的想法。

使用示例

会议的主题是“今后商务人士所需要的是什么”，副标题是“技能”与“头脑”。想到什么就讨论什么。引导者在写板书的时候有意识地给各个主题留出了空间，因此即便同时讨论“技能”与“头脑”也不会觉得混乱。在讨论过程中，剩下的两个空间里分别写上了锻炼两者的行动计划。

使用工具时的小窍门

对于一般的副主题，以下内容能对讨论有所帮助：“经过”、“现状”、“理想状态”、“课题（现状与理想状态间的差距）”、“假设”、“组织节奏”、“既定事项”、“行动计划”等。

曼陀罗思考法

※ 此为 4 等分的事例。

* 曼陀罗思考法（Mandal-Art）是由今泉浩晃开发而成的思考法

◎ 帕累托分析法

别再做无用功了!

这种时候用得到!

那些乍一看以为很有必要实际上却是在做无用功的工作，就如杂草一般到处生长。帕累托分析法是因为没时间而感到困扰的团队和烦恼工作先后顺序的人的特效药。帕累托法则是做 20%的事可以产生整个工作 80%的效果（如销售额的 80%由 20%的商品构成），不妨把这个法则应用在你负责的项目里试试看。

工具的用法

1 准备要研究的课题数据（如无数据，则按意见的数量和强度），按大小顺序排列制成柱状图。

2．假如没有数据，就由团队一起列出所有工作内容，然后投票选出其中比较重要的几项。

3．按得票数由高至低排序。

4．对得票数低的工作，按照①放弃、②外部化、③减少的顺序展开头脑风暴。

使用示例

在某零食公司的营业会议上，就销售额无法增长的理由展开头脑风暴，制作了一个列表。在此基础之上，让全体员工和临时工都对自己认为重要的项目进行投票，根据得票数给列表排出先后顺序后进行了帕累托分析。最后公司根据分析结果决定放弃得票数低的工作，将资源集中在得票数高的工作上。

使用工具时的小窍门

- 即使没有数据，也可以通过收集意见进行帕累托分析。试着下点功夫去分析一下吧。
- 明确先后顺序后，就尽快做出决定放弃顺序较低的工作吧。关键就在于能否做出决断。

帕累托分析法

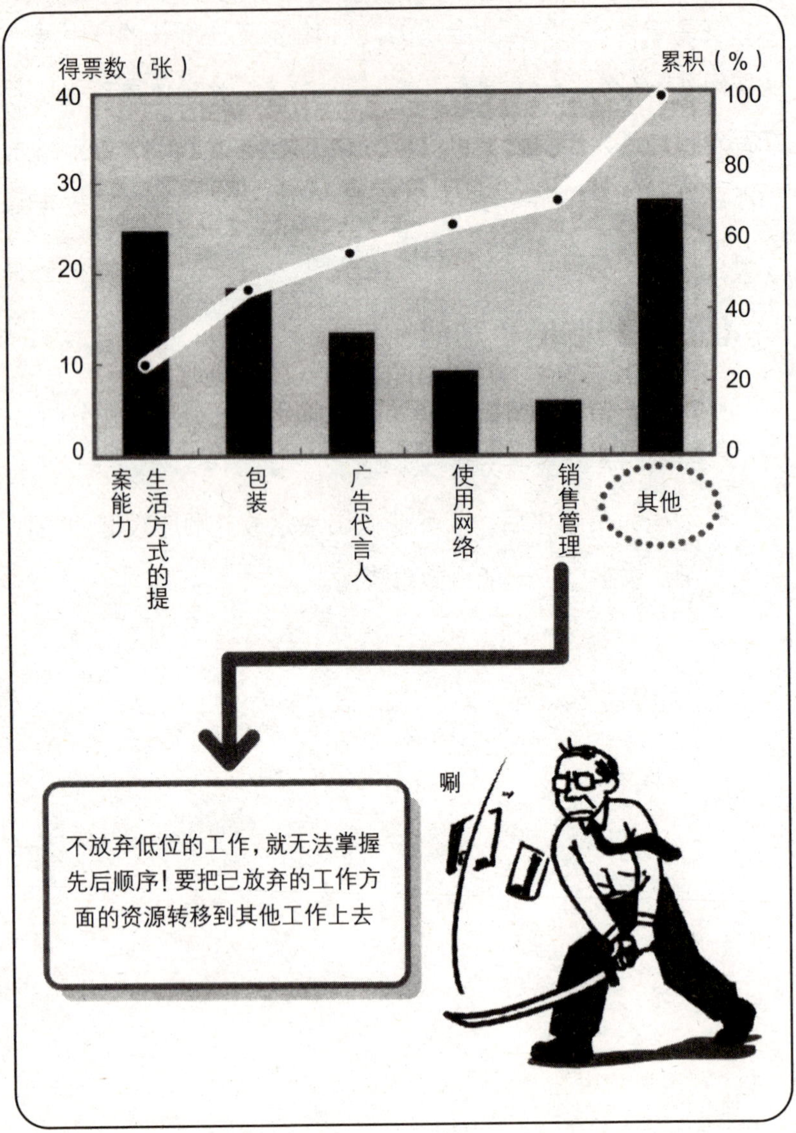
得票数（张）
累积（%）
40
30
20
10
0
100
80
60
40
20
0
生活方式的提
案能力
包装
广告代言人
使用网络
销售管理
其他
唰
不放弃低位的工作，就无法掌握先后顺序！要把已放弃的工作方面的资源转移到其他工作上去

◎ 回顾时间

培养善于从日常经历中学习经验的团队！

这种时候用得到！

有的团队总是重复同样的错误，而有的团队却能从过去的经历中不断学习从而提高业绩。“回顾”能力是培养一个懂得学习的团队的第一步。即 PDCA 循环*中的 C 和 A（检查和改善）。偶尔留出回顾的时间可以促进提高团队的执行能力和知识的共享。

工具的用法

1. 养成在一天结束之后或一周结束之后抽出一点时间作为“回顾时间”的习惯（10~15 分钟）。

2. 向团队提出问题督促他们回顾（参考小窍门）。

3. 把发言写在白板上。

---

* PDCA 是取英语单词 Plan（计划）、Do（执行）、Check（检查）和 Action（改善）的首字母组合而成。PDCA 循环就是不断改善的循环。

4．在今后的团队活动中有所体现（计划/调整职责、添加会议基本规则等）。

使用示例

某便利商店的业绩一直以来都比前一年有所下降。从今年起开始在打工人员交班时留出 10 分钟时间作为“回顾时间”。在店内的小角落里互相把想到的事情全都说出来，并写在记事本上。这个习惯坚持了半年的时间，就提高了打工人员的观察力，便利店的生意也重新兴隆起来了。

使用工具时的小窍门

可以试试问以下问题：

“有没有让你觉得或许这样做会更好的事情？”

“假如你遇到××的这个情况，你会怎么办？”

“试着回顾一下前面的过程。有没有让你觉得应该更管用的想法？”

“引导团队取得成功的主要因素是什么？”

“怎样才能避免××失败呢？该如何充分利用这次失败呢？”

回顾时间

养成每天结束时抽出点时间回顾的习惯！

◎ 小专栏

引导自己自我提升！

引导不仅可以引出团队的力量，假如引导的思想和技能符合自身情况，还有助于自我提升。我就切身体会到了自从自己平时开始有意地引导之后，自身就逐渐有所改变。

遇到麻烦就分析过程

已经尝试过无数次坚持每天早起跑步，但总是 1~3 个月就败下阵来。把失败的理由写出来的话，无非就是“今天有点感冒”、“跑太多了膝关节疼”、“工作快来不及完成了”之类的理由。那么要拥有什么“力”才能避免出现这种情况呢？首先，要减少抵触的力，即如何才能做到“不容易感冒”、“跑步时膝关节不容易疼”。接着要思考什么样的“力”才能成为坚持下去的力量。然后独自对此问题展开头脑风暴。

边走边展开头脑风暴

在上班路上或是出差路上，自己一个人也要有意识地展开头脑风暴。把你的所见所闻都当成一种契机，去思考“预防感冒的方法”、“膝关节不痛的跑步方法”、“避免工作完不成的方法”。假如没想到方法也不要唉声叹气，要保持一种充满期待的心态。

独自走在路上时展开头脑风暴能产生很多想法，可以时不时停下来把想到的写下来。养成这个习惯就可以成为一个点子多的人。比如可以想出“喝提高免疫力的保健品预防感冒”、“选择可以舒缓膝关节压力的饮料”、“参考 MAF 理论在跑步方式上下功夫”等办法。

消沉时写出“可控与不可控”

不过也不可能事事顺利，任何人都有消沉的时候。这种时候，就打开笔记本，在左边那页写上“可控”，右边那页写上“不可控”。接着就把想到的全都写上去。当人意志消沉的时候，心里肯定会反复想那些不可控的事。不如多写出一些可控的事，将精力集中在自己可以控制的事情上，这样肯定能打起精神！

无法集中精神时就利用停车场

想要集中精神时，却总因为电视节目、回家时要买的东西、其他工作的截止日期、下周的行程等事情而分神，无法集中于眼前的工作。前面曾提到过停车场（PA）有助于避免开会时跑题。自己一个人的时候也一样可以用。在桌上放一个大字写着 PA 的便笺。把眼前的工作以外的事情写在上面，就可以提高注意力。

积极观察自我

不妨在晚上睡前留出 10 分钟的回顾时间。从过去这一天的早上开始回想，并问自己：“失败的原因是什么？”“为什么进行的不顺利？”“今后要如何利用这次的教训？”“假如是自己尊敬的前辈会怎么做？”如果从这些问题中发现了什么，就写在记事本上。坚持这一习惯就能让你不断成长。

自己的规则

在回顾时，你就会发现心里总想着“那件事必须做，这件事也必须今天完成”，就会成为压力的来源。因此，在我自己的规则里加上了：“把这种想法变为‘只要在今天完成自己就成长了’。”只要做到这一点，就可以减少大部分的压力。另外，在我自己的规则里还有“从他人的意见中构筑出自己的意见”、“想法无限多”、“心态乐观”等。只要坚持，这些就能成为你性格的一部分。

第 3 章

【中级套装】

助你开会轻松又有条理的 16 个工具

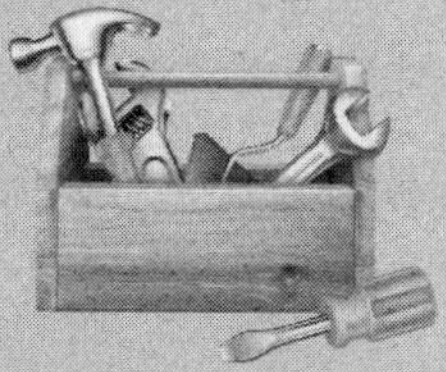

团队建设	●	提高团队集体感!
三言两语带进及带离	●	提高开会时的集中力!
W/C 表格	●	引导员工承担义务!
世界咖啡屋	●	人多也能互相讨论、互相深入!
二分重构法	●	要转换视角!
逻辑树	●	巨细无遗地解决问题!
鱼骨图（石川图表）	●	利用鱼骨图系统地解决问题!
思维导图®	●	大家一起发散思维!
检查已做到的事	●	自然而然地采取下一步行动!
容器	●	想改变规模时不妨用用看!
领导融合会	●	缩小领导与下属间的距离!
乔哈里资讯窗训练	●	透过他人眼中的自己了解自我,完成飞跃!
成员的使用说明书	●	改变氛围!
机会图	●	共享战略视野!
PREP 法	●	有条理地去听！去说!
n/5 投票法	●	迅速筛选后再进行下一步讨论!

◎ 团队建设

提高团队集体感!

这种时候用得到!

在成立一个新组织时,要想在项目活动或研习会中提高团队的集体感,可以利用需要活动身体的破冰游戏!不仅会议开始时可以玩,在遇到会议陷入僵局时玩也非常有效。

还有这种工具

两人一组的指路游戏

(所需时间:10 分钟。人数:4~20 人。事前准备:眼罩。)

1. 两人分为一组。

2. 其中一人蒙上眼睛,另一人用声音指路(在屋里进行时,需要避开椅子或桌子等障碍物抵达终点)。

3. 结束以后,在回顾时提出问题:"你觉得语言上的交流如何?""你觉得对方值得信赖吗?"

搭纸塔

(所需时间:20 分钟。人数:10~20 人。事前准备:A4 纸。)

1．几个人分为一组，每组给 50 张左右 A4 纸。

2．不许使用任何工具，只用手中的 A4 纸搭纸塔，比哪组搭的最高。

3．在开始之前，给每组 10~15 分钟的作战时间。

4．作战时间内允许使用 1 张纸。

5．搭完塔之后，大家一起比较成果。比较过程中如果有纸塔倒塌了，气氛会更活跃。

6．游戏结束后，让大家回顾作战时间的用法、小组讨论的方式等内容是这个游戏的关键所在。回顾时，引导者要向参与者提出问题："假如再玩一遍，你们会怎样利用作战时间？""这些可以应用到日常工作当中吗？"

排队游戏

（所需时间：10 分钟。人数：20~50 人。事前准备：无。）

1．参与者几个人分为一组。

2．所有人站起来，按组排成一列。

3．引导者给出指示让参与者排队，比哪组排得最快。例如，"按名字的首字母顺序排队"、"按出生月日顺序排队"、"按今早起床的时间顺序排队"等。刚开始可以从"按身高顺序排队"之类比较简单的排起，然后逐渐增加难度（如"按手掌长度顺序排队"、"按手机号码的顺序排队"等）。

4．在回顾胜利或失败的主要原因时，要让他们亲身体会到大家积极合作的重要性，以及领队和成员的职责。

团队建设（两人一组的指路游戏）

◎ 三言两语带进及带离

提高开会时的集中力！

这种时候用得到！

想要彻底远离冗长又得不出结果的会议，并实现集中度极高的会议时，就需要用到这个工具了。同时还能在会议结束时确认参与者的当事人意识。

工具的用法

1．会议一开始，引导者就要提出问题："请大家都来说说（10~30 秒）你现在的心情、想在这次会议上达成的事、对会议结束后的预想。"

2．会议结束时，让所有人就"现在的心情以及会议的情况和一开始想象的是否一致"发表一两句评论（30~60 秒）。

使用示例

1．小冲感觉定期会议总是很冗长，于是便说道："今天我们先用三言两语带进话题再开始会议吧。"会议结束时，小冲又说道："在会议结束之前，我们再说两句带离话题吧。"一开始，参与者在带进和带离话题时说的内容都没什么实际意义，但是由于每次开会都进行，参与者们渐渐有了心理准备。一个月之后，定期会议就变得非常高效了。

2．参加头脑风暴的人大部分都是初次见面，发表意见自然就不会特别活跃。这时，以三言两语带进话题来代替破冰游戏，由引导者问参与者："你的心情用天气来比喻的话是什么天气？""你希望结束时你的心情是什么天气？"通过这个问题，参与者就会思考"我该如何回答"，从而迅速活跃大脑。

使用工具时的小窍门

- 在问题中加入比喻可以让大脑活跃起来。
- 回顾很重要。可以在会议室里贴上写着"用三言两语带进及带离"的纸。
- 每次定期会议都问同一个问题并记录下来也是个不错的办法。

用三言两语带进及带离

轻柔地促使大家用三言两语带进话题需要在问题上下点功夫。
例如：
“请用颜色来比喻你现在的心情。”
“请用动物来比喻你自己。”

◎ W/C 表格

引导员工承担义务！

这种时候用得到！

这个工具在希望提高团队成员承担义务的积极性时非常有效。

工具的用法

1．给所有团队成员右图所示的印有“希望得到的东西”和“可以做出的贡献”的“W/C 表格”（Wants/Commitment 表格）。

2．首先问他们：“在今后的一年里，你希望得到些什么？请举出一个例子。”并让他们写在纸的左侧。

3．接着问另一个问题：“在团队达成目标的过程中，你能做出什么贡献？请举出一个例子。”并让他们把答案写在纸的右侧。

4．让成员将自己写好的纸传给周围的人看，然后逐一按顺序说出自己“希望得到的东西”和“可以做出的贡献”。

5．之后又想到什么“可以做出的贡献”，可以在后面再发表一次。

使用示例

在某公司与新一年员工工会委员初次见面的会议上，身为会议主持人的公司福利负责人取消了自我介绍环节，取而代之的是让大家说出各自“希望得到的东西和期待的事”和“可以做出的贡献”。从这个环节中，不仅了解到了每个人的希望与期望，同时还了解到了部分员工意料之外的特长。那一年的员工会主办的“集团公司保龄球对抗大赛”在充满创造力的热情氛围中举办了。从全国各地过来参加的员工都给出了“感受到了与其他同伴的集体感”、“好久没有这么激动了”之类的感想。为整个集团培养出良好的集体感做出了巨大贡献。

使用工具时的小窍门

- 可以让他们先写好再进行自我介绍。
- 聚餐的时候也准备好 W/C 表格用纸。
- 努力营造出可以坦白写出自己真实想法的氛围。

W/C 表格

Wants（欲求、希望）
“希望得到的东西”
“期待的事”
公司很无趣。
希望多增加一些有意思的活动！
Commitment（许诺）
“可以做出的贡献”
请务必让我当主持人。
我学生时代经常主持。
Wants（欲求、希望）
“希望得到的东西”
“期待的事”
其实，
我很想找到一个男朋友。
Commitment（许诺）
“可以做出的贡献”
别看我这个样子，
我可是和大人物也能很快混熟的。

◎ 世界咖啡屋

人多也能互相讨论、互相深入！

这种时候用得到！

当数十人乃至数百人聚集在一起就某一主题广泛交流意见却不想仅停留在表面交流上时，这个工具会非常有效。准备工作很简单。不到 10 个人或者人数非常少时也可以使用这个工具来敞开心扉，深入探讨主题。

工具的用法

1．准备以 4~5 人为一个单位的桌子，每张桌子上放几支彩色马克笔和 1~2 张平铺的白纸。

2．让所有参与者随便坐到一张桌子前。

3．告知所有人需要在 5~10 分钟的时间之内结束讨论，然后宣布讨论的主题和关键性问题。各桌同时开始对话。

4．用彩色马克笔将对话中的关键内容写在平铺在各桌上的白纸上。

5．时间到了以后，各桌选出一个主持，然后主持以外的人随便到其他喜欢的桌子上去。

6．所有人就位后，在由各桌的主持用 2~3 分钟分享第一轮的讨论内容后，开始第 2 轮的讨论。用 5~10 分钟的时间与新成员广泛和深入交流。

7．结束后再选一个新主持，继续换桌。以此类推，重复数次。

使用示例

在某市民会馆里聚集了 120 位活跃于各个领域的引导者，他们希望能在此和其他人交流一下活跃职场的引导事例与体验。在宽敞的会场里，呈岛状摆放了 20 多张桌子。各桌都铺着一张白纸和一套 8 色的马克笔。这 120 位参与者几乎都互不相识，进入会场后便三五成群地就坐。所有人就坐后，由主持人简单说明了世界咖啡屋的目的与进行方式，然后宣布了这次的主题："请各桌互相交流一下最近进行得比较顺利的引导事例或平时的烦恼。"说完，瞬间会场就人声鼎沸，第 1 轮很快便结束了。一个半小时后，参与者结束了 4 轮的讨论。听了这么多有趣的事例还和这么多有同样烦恼的人接触之后，大家都产生了强烈的共鸣。

使用工具时的小窍门

- 将各轮讨论时间控制在 15 分钟以内，掌握好时间。
- 除了主题外，还要准备好关键性问题以加深讨论。
- 利用传球发言等工具可以有效促进各桌的讨论。

世界咖啡屋

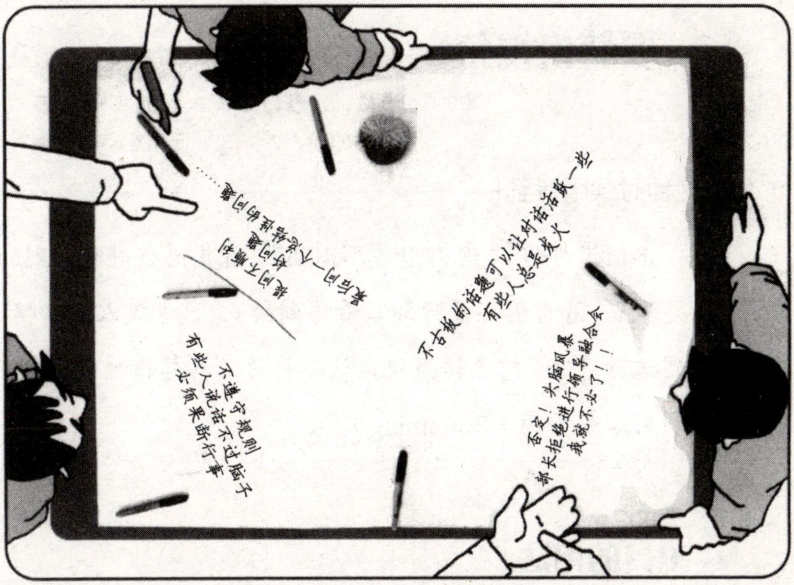
最后问一个总结性的问题
提问不顺利
好问题
不古板的话题可以让对话活跃一些
有些人总是发火
不遵守规则
有些人说话不过脑子
必须果断行事
否定！头脑风暴
部长拒绝进行领导融合会
我就不必了！！

◎ 二分重构法

要转换视角！

这种时候用得到！

俗话说得好，“这山望着那山高”。看其他公司时看到的全是优点，看自己公司时却只看得到缺点，这也是人之常情。遇到这种情况，想要转换视角让公司员工打起精神来，就可以利用二分重构（Reframing）*法。

工具的用法

1．选择要讨论的产品或服务。

2．在二等分的白板右侧，团队所有人一起列举出其他公司的优点（本公司相对较差的部分）。（15~20 分钟）

3．在白板左侧列举出本公司的优点（其他公司相对较差的部分）。（15~20 分钟）

4．充分确认本公司的诉求后，针对如何才能卖得更好展开

* 重构（Reframing）：转换看待事物的模式。例如，“杯子里只有半杯水”→“杯子里还有半杯水”，重构后对事物的认识就不同了。

头脑风暴。

使用示例

H 公司是一家生产和销售化学半成品的公司。大多数营业部的负责人都认为本公司的产品比竞争对手 M 社的产品单价高、性能差。为了让大家充分了解产品，产品部部长大杉把营业部员工和市场营销及技术开发的负责人召集到一起开了个研习会。果不其然，营业部员工都是用“竞争对手公司产品的优点”和“本公司产品的缺点”这个模式看待问题。这时就应该用二分重构法转换思考模式，然后再继续讨论。

使用工具时的小窍门

人们平时很难意识到自己是以什么模式看待事物的。而引导者要做的，就是让这个看不见的模式“可视化”，并帮助大家进行重构。

二分重构法

竞争对手产品的优点

- 价格低廉
- 性能方面有优势
- 服务态度好
- 质量稳定

本公司产品的缺点

- 价格高昂
- 性能较差
- 服务态度不好
- 质量问题经常遭到投诉

改变思考模式后
认识也会有所改变

竞争对手产品的优点

- 需要很大的量才能产生效果
- 增加了原料库存
- 培训时间长，影响客户的生产率
- 环境负荷较大

本公司产品的缺点

- 少量就有效果
- 可以减少库存
- 性能平衡
- 易搅拌，能提高客户生产率
- 不会给客户产品的机械性能带来不好的影响
- 不会给客户产品的表面特性带来不好的影响
- 对环境影响小

◎ 逻辑树

巨细无遗地解决问题！

这种时候用得到！

想解决课题时，“答案”不会自己蹦出来，明确思考的顺序可以更好地收集众人的智慧。逻辑树就是一个以“巨细无遗”为口号，用逻辑性思维逐层思考解决方案的工具。

工具的用法

1. 将课题写在白板左上角。

2. 不要一上来就针对解决方案展开头脑风暴，要引导大家“巨细无遗”逐层向右展开。

3. 在深入到第 2、3 层后，再针对具体的解决方案展开头脑风暴。

使用示例

某家创业公司总是三分钟热度。流程顾问安达受到该公司社长的委托，举办一个提高团队行动力的研习会。在召集了公司所有员工的研习会的一开始，安达就在白板上写下了课题。然后分成“利用外部力量”和“利用内部力量”这两部分作为第一层，并向参与者说明了这两个概念为的是能够做到“巨细无遗”。“各位，我不需要你们一下子就给出‘布置定额工作’、‘建立一个里程碑’之类的‘答案’。我希望大家首先将‘利用外部力量’巨细无遗地分解开来”。安达向参与者进行了上述说明，从而引出了参与者的意见。

使用工具时的小窍门

- 不要妄图用望远镜一下子就找到“答案”，要用广角镜纵观课题，“巨细无遗”地找出解决方案。
- 假如很快就想到了“答案”，可以先将其放在停车场暂时避让一下。

逻辑树

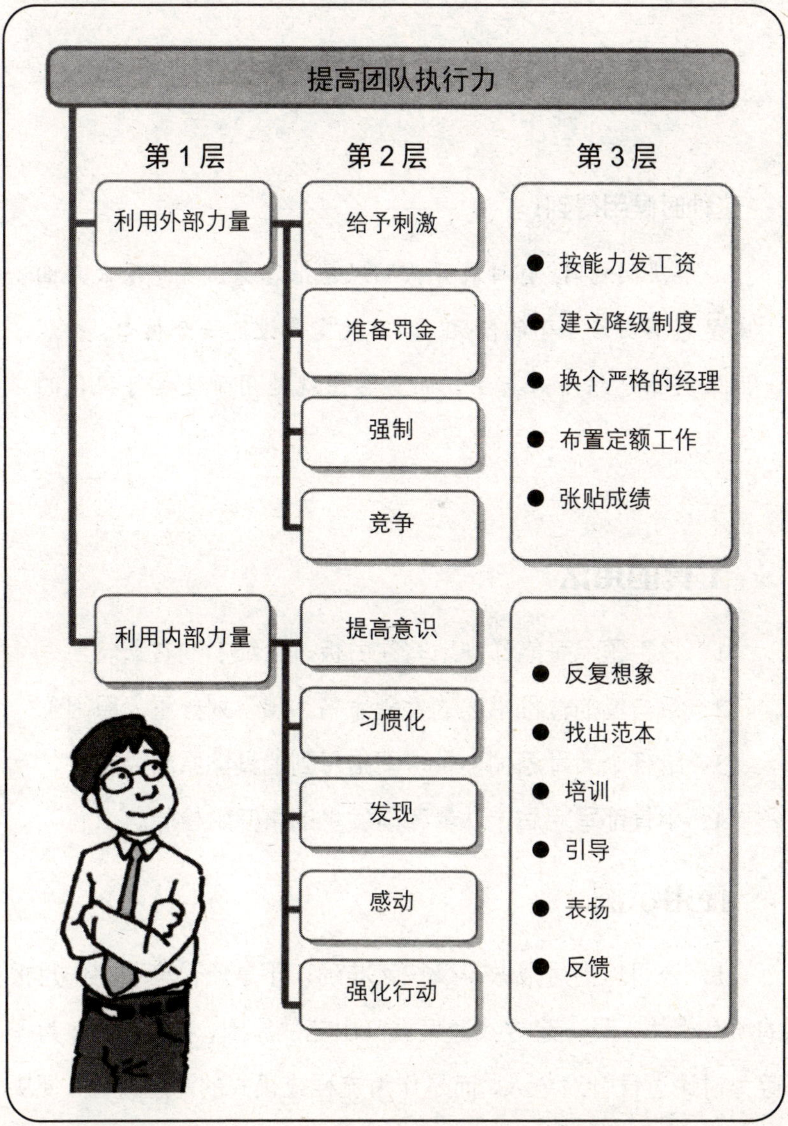
提高团队执行力
第 1 层
第 2 层
第 3 层
利用外部力量
给予刺激
准备罚金
强制
竞争
按能力发工资
建立降级制度
换个严格的经理
布置定额工作
张贴成绩
利用内部力量
提高意识
习惯化
发现
感动
强化行动
反复想象
找出范本
培训
引导
表扬
反馈

◎ 鱼骨图（石川图表）

利用鱼骨图系统地解决问题!

这种时候用得到!

解决问题时，盲目展开头脑风暴很容易出现想法太片面或是想不出好点子的情况。此时就需要设定一个核心，按照因果关系总结所有想法，而鱼骨图就是用于使之可视化的工具。

工具的用法

1. 将主题尽可能详细地写在白板（白纸）的右端。
2. 给与鱼的脊椎相连的大骨命名（用于划分重大原因）。
3. 给各个大骨添加小骨，写出想到的具体原因或想法。
4. 小骨都写完后，从最容易发生的事开始检验。

使用示例

1．公司想把月报做得又快又准确，于是便召集了制作月报的所有相关人员一起寻找速度慢又出错的原因，找出对策。为了避免讨论过程针对个人，而是作为流程或模式的课题讨论，便决定利用鱼骨图（下页图上）讨论。

2．3 月是一个季度结束的时期，某公司打算举办一年一度的大型促销活动。但是促销的策划案全都太过俗套，一点新鲜感都没有。宫本希望这次策划能有一个前所未有的新创意，于是召集了所有相关人员一起讨论。为了充分发散思维，便使用了鱼骨图（下页图下）帮助讨论。

使用工具时的小窍门

在向顾客说明出问题的原因的临时报告时使用会很有效。

鱼的大骨的代表性示例如下。

- 查明事故原因：人、机器、方法、测量方式、自然现象。
- 改善业务流程：意识、兴趣、欲求、动机、行动。
- 改善例行程序：负责人、输入、流程、工具。
- 促销改革：商品、价格、广告宣传、展示及销售员。

鱼骨图（石川图表）

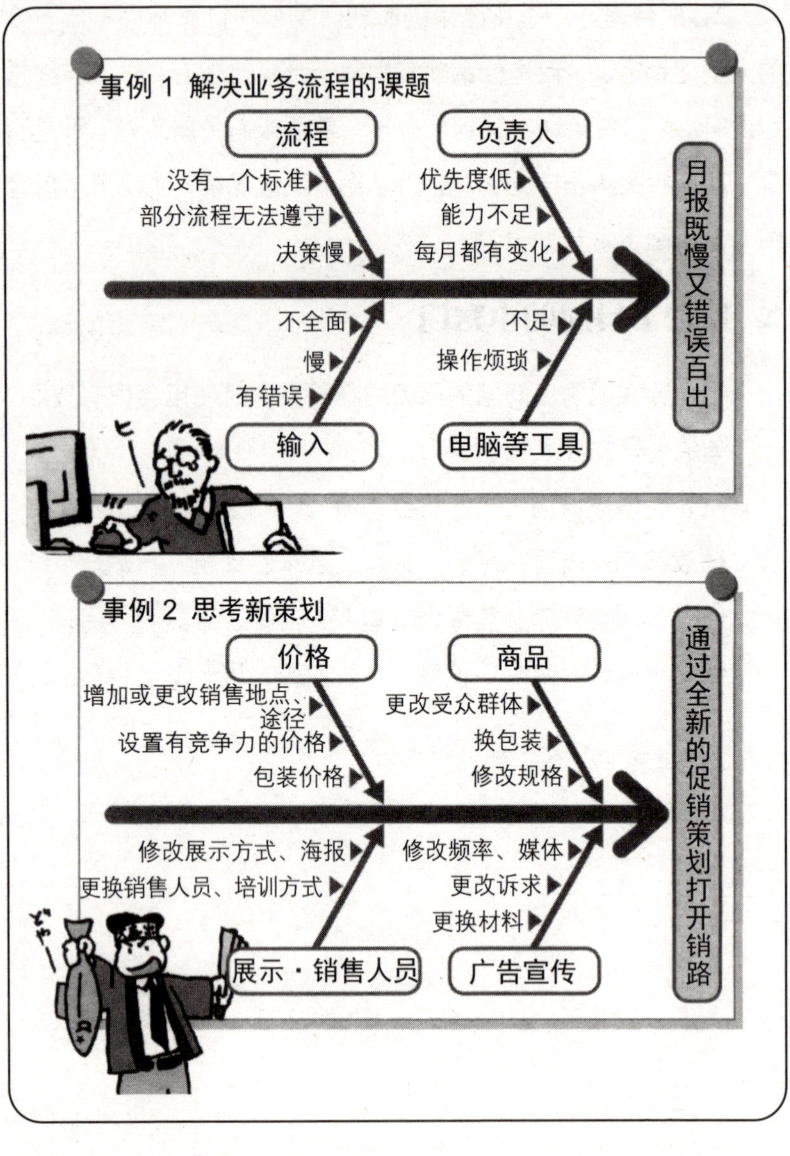
事例 1 解决业务流程的课题
流程
没有一个标准
部分流程无法遵守
决策慢
负责人
优先度低
能力不足
每月都有变化
不全面
慢
有错误
输入
不足
操作烦琐
电脑等工具
月报既慢又错误百出
ヒ
事例 2 思考新策划
价格
增加或更改销售地点、途径
设置有竞争力的价格
包装价格
商品
更改受众群体
换包装
修改规格
修改展示方式、海报
更换销售人员、培训方式
展示・销售人员
修改频率、媒体
更改诉求
更换材料
广告宣传
通过全新的促销策划打开销路

◉ 思维导图®①

大家一起发散思维！

这种时候用得到！

在有一个笼统的主题却不知道会出现什么样的意见时，或是想要引出更多不同想法时，这个工具会很有效。不受逻辑性思维的约束，想到什么写什么，可以发现一些逻辑思维中没有的想法。

工具的用法

1. 在白板或白纸正中写上主题（文字和概念）。
2. 由主题向四周呈放射状画出分支。
3. 在分支上写上单词或概念。
4. 假如内容产生变化，就从主题画出新的分支。

使用示例

1. 在某制造商的投诉处理中心，正在开会分析现状，但是

① 思维导图®和 Mind Map®均为英国 Buzan Organisation Ltd.公司的注册商标。

会议上却没什么人发表意见。于是，负责人就在白板正中写上“投诉”二字，再画出分支并写上“客户”、“状况”等单词，再问大家联想到了什么，从而制做出了思维导图。从思维导图中，大家逐渐了解了投诉的整体情况。

2．在有关新产品开发的讨论会上，负责人告知参与者要事先想好连接思维导图中心的分支。通过将每一位参与者的思维导图总结为一张图（集体思维导图），有助于收集到平时很少发言的成员的意见并共享给大家。

使用工具时的小窍门

- 为了刺激与会人员的右脑，在画分支的时候可以使用不同颜色的马克笔，或是使用一些简单的图画。
- 思维导图的分支上要写上关键词。不要把发言内容一字不差全写上去，要总结成简短的几个词。

思维导图

例 1 处理投诉问题时的思维导图®示例
（此图为简化后的）

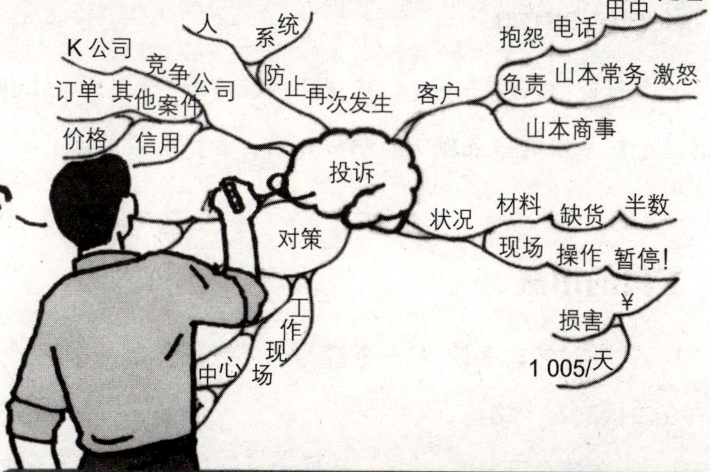

例 2 集体思维导图示例

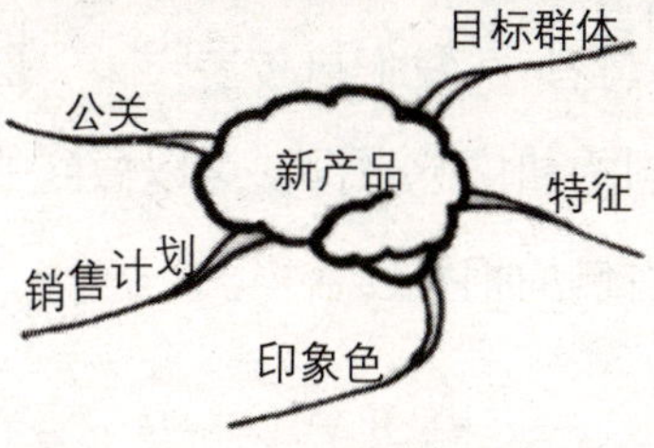

集体思维导图，要事先通知参与者分支内容，然后将参与者提前想好的想法在分支上展开来并总结为一张思维导图。

◎ 检查已做到的事

自然而然地采取下一步行动!

这种时候用得到!

当讨论陷入僵局或气氛变得比较沉重时，使用这个工具有助于想象出具体且现实的积极行动，会很有帮助。

工具的用法

1．首先对参与者说："一起整理一下还未做到的事吧。"然后写在白板的左半边。

2．接着对参与者说："我们转换一下心情，整理一下已做到的事吧。"这次写在白板的右半边。

3．最后再问参与者："我们再扩展一下'已做到的事'，想想现在马上就能做到的和接下来很快可以做到的事是什么？"然后把想到的补充在右侧的相关项目里。

使用示例

某公司总务处在处理老员工退休以及工作现场的咨询等事务时做得很不得当。开会时也总是指责公司或员工自身的问题，这导致员工很容易变得消极和内向。总务处主任津田为了解决这一情况，在会议气氛变得比较沉重的时候，就会让大家先整理并写出“还未做到的事”，再写出“已做到的事”。

写完“已做到的事”之后，再引导参与者：“把这些做到的事再扩展一下，是不是还能做到些什么呢？”如此一来，参与者们就会逐渐产生一些比较积极的想法，如“这件事我马上就能做到”、“那件事我或许做得到”。

使用工具时的小窍门

跑马拉松的时候，当我们感到特别辛苦时，只要视线下移看到自己脚下就觉得还可以努力继续跑完。对因为遇到挫折而失去精神的团队而言，只要从身边“已做到的事”中发现接下来“可以做到的事”，就能令团队打起精神来。

一些无关紧要的小事也要全部写出来。这一点很重要。

检查已做到的事

还未做到的事	已做到的事
● 除了负责人，没人能回答顾客关于细节部分的咨询。 ● 没有每天/每周都开会。 ● 没有处理咨询问题的指南。	● 在晨会/总结会议上共享了大致情况。 ➔ 各负责人在总结会议上告知大家今天咨询数量最多的问题以及如何处理的。 “今天接到了数次有关这个问题的咨询。” ● 部分员工一次就能处理好咨询问题。 ➔ 对于一次就处理好不属于自己负责范围内业务的员工，要给予赞赏。 “处理得很好，辛苦了！”

把“已做到的事”写在白板上之后……
员工自然而然就会说出自己的“下一手”
这件事也能做到！那件事或许也做得到！

◉ 容器

想改变规模时不妨用用看！

这种时候用得到！

想要减少库存之类积攒的东西时，需要先整理入口和出口，再思考解决方案。这时这个工具就派上用场了。当然，这个工具也可以用于增加公司（或组织）好感度等方面。

工具的用法

1. 画一个如 127 页图所示的图画，填入具有代表性的数字，将实际情况用图像清楚地共享给其他人。

2. 设置一个到何时容器中的水位下降（上升）到什么位置的目标数值。

3. 在共享了整体情况之后，制定一个思考的目标并展开头脑风暴。例如，让大家想出“100 个减少输入的点子”和“100 个增加输出的点子”，再各总结为一个点子。

使用示例

某服装连锁店为了使 30 家店铺每一家都能吸引顾客，每个月必须进 2 亿日元的货。但是每个月的销售额只有 1.5 亿日元左右。长此以往库存会越积越多。于是，公司便召集相关人员成立了一个项目小组，所有相关人员通过“容器”共享问题后，开始讨论解决方案。然而，现有的进货限制和促销活动已经优化到了极致。在小组的讨论陷入僵局时，引导者吉田用开朗的声音说道：“那我们干脆增加一个水龙头吧。”吉田打算通过增加一个水龙头来引出之前未曾有过的想法。

使用工具时的小窍门

- 共享信息的关键是所有人一起进行。共享后按“入”和“出”分成两组，可以用晚饭作为赌注比赛哪组想出的点子多，这种竞赛的感觉可以引出一些意想不到的点子。
- 小组讨论陷入僵局时，增加一个新的出口（入口）可以令思维更加活跃。

容器

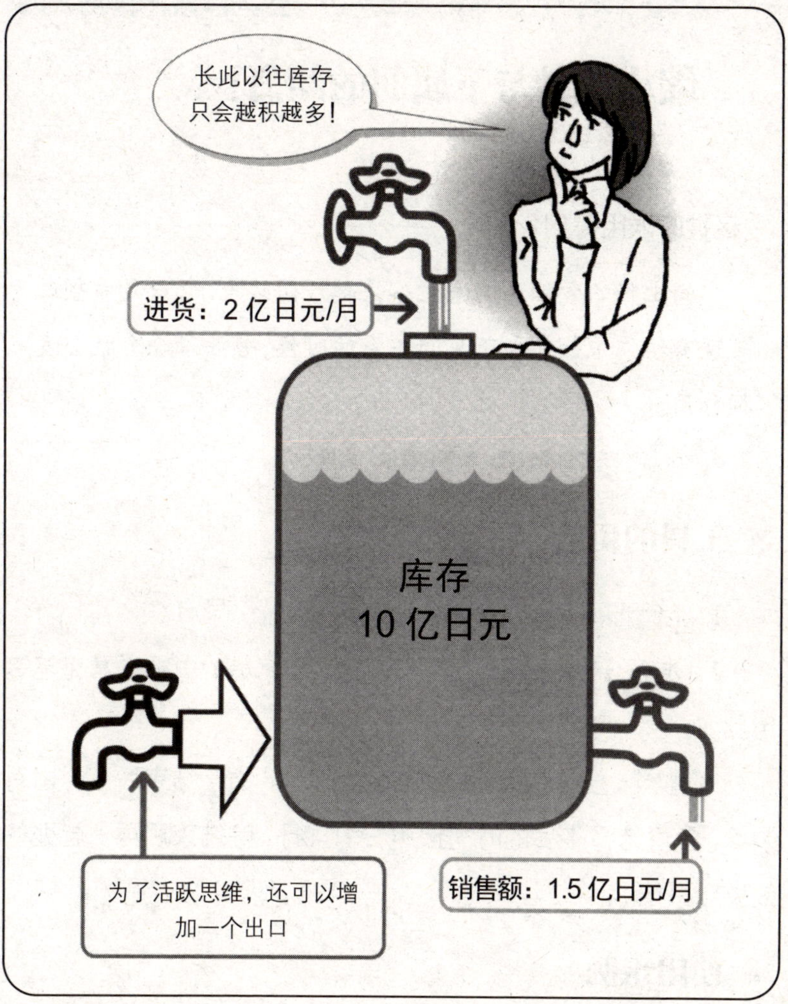
长此以往库存
只会越积越多！
进货：2 亿日元/月
库存
10 亿日元
为了活跃思维，还可以增加一个出口
销售额：1.5 亿日元/月

◎ 领导融合会

缩小领导与下属间的距离！

这种时候用得到！

新上任的管理人员希望尽快融入团队当中，或是希望改善现有组织中领导与下属间关系的时候，领导融合会就会发挥作用。

工具的用法

1．从团队中选出一个值得信赖的人做引导者。

2．准备一个能坐下所有人的屋子和充足的白纸、马克笔等用具。

3．整个过程需要 3 小时左右的时间。由于结束后还会留有余韵，最好选择午后的时间按照右图执行，等结束后再一起聚餐效果会更佳。

使用示例

某店铺由于销售额一直不增长，就换了新店长。新店长为了与员工建立良好的关系，并让自己提出的目标深入人心，就在某天下午暂停营业改为开领导融合会。虽然店员大多是打工的，但是他们都被这个新店长的坦率和真诚所感动。不断提出了店铺运营上的问题。进一步深入后，甚至还发现了伪造保质期的问题。

使用工具时的小窍门

- 从会议中提出的事情中选出一部分（如“表扬要当着大家的面，批评要单独进行”等），领导和员工约定好第二年一起检查是否做到了，这样效果会更佳。
- 领导融合会中可能会暴露出职场性骚扰、职权骚扰等恶劣事件，这个工具还可以用来防止违规行为。
- 领导要想提高自己的领导能力，最好每年都举办这个会议。

领导融合会

进行领导融合会的方法

大致用时

1 召集团队所有成员。在引导者的引导下，由领导进行自我介绍，并说出自己的抱负、今年的目标等。 15 分钟

领导先独自退场

2 引导者提出以下问题

	大致用时
关于领导请说出你“知道的事”	20 分钟
关于领导请说出你“想知道的事”	20 分钟
关于领导请说出你“希望领导知道的事”	15 分钟
说出为了完成今年的目标，“大家可以做的事”	30 分钟

所有人离开会议室，换领导进来

3 引导者向领导说明讨论的内容 20 分钟

所有人再进入会议室

4 领导回答墙上贴着的问题和留言 60 分钟

● 聚餐

注：关于达成目标的具体行动计划
可留到讨论结束后再定

◎ 乔哈里资讯窗训练

透过他人眼中的自己了解自我，完成飞跃！

这种时候用得到！

当营业员希望了解自己的营业能力，或是学校老师想了解自己的指导能力时，都可以使用乔哈里资讯窗训练。乔哈里资讯窗训练包含很多种方式，在此我们就将其作为提高个人营业能力的工具来介绍（前一节中的领导融合会，就是这个训练中的一种）。

工具的用法

1. 召集想提高自己营业能力的营业员。

2. 利用角色扮演演示自己营业时的情景（10~15 分钟）。

3. 让演示的人先暂时离场，再由引导者引导其他人说出对刚刚演示的营业情景发表自己的看法，分成“好的地方”和“需要改善的地方”两类并写在纸上。发表评论的人要注意尽可能详细和客观地陈述观察结果。

4．让退场的当事人回到屋里，引导者按照纸上的内容对其进行解说。

5．对于当事人提出的问题，参与者能当场回答的就当场回答。假如需要匿名就再通过其他途径回答。

使用示例

通过这个训练，铃木了解到自己一直自认为很有威严的说话方式，其实会给对方一种压迫感。山本原以为自己少言寡语表情又不丰富不适合做营业员，通过训练却发现高龄人士对自己很有好感，因为觉得自己很稳重。

使用工具时的小窍门

- 没有镜子就看不到自己的样子。同理，自己待人处世的能力也只能通过他人的眼睛才能看到。找机会试试这个训练吧。训练的时候，引导者需要注意，参与者给出的看法必须客观、详细。
- 引导时要注意保持优缺点的平衡。

乔哈里资讯窗训练

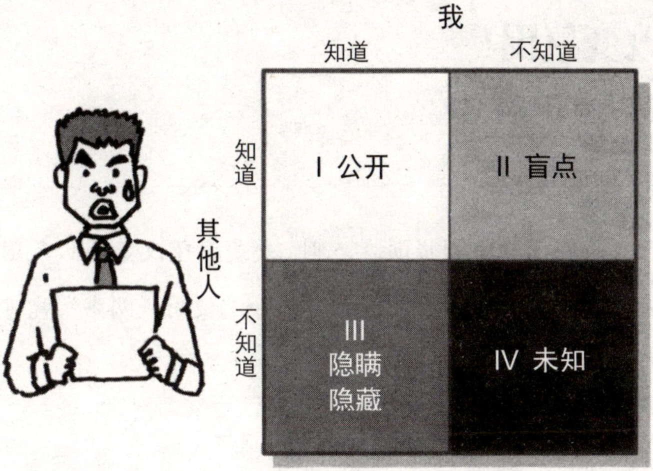

通过“自我展示”他人的“反馈”扩大“公开”的领域，与人的成长密切相关。“乔哈里资讯窗”的这个理论，是在 1955 年由 Joseph Luft 和 Harry Ingham 共同提出的。“乔哈里”这个名字由二人的名字组合而成。

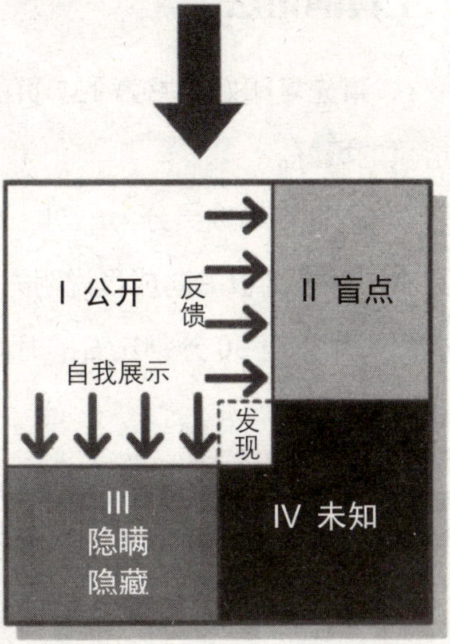

◎ 成员的使用说明书

改变氛围!

这种时候用得到!

可以用在团队有新成员加入时,或是希望改变团队氛围的时候。故意将人看作商品并制作一个“使用说明书”就可以瞬间改变氛围!

工具的用法

1．事先复印好本书第 137 页的表格发给成员，让他们提前把能填的填好。

2．每 4~6 名成员分为一组，分配好每个人的职责和顺序，利用右图上方的板书向成员说明方法、规则和职责分配。

3．每个人有 30 分钟左右的时间将填写的内容共享给组内其他人。

4．结束后，大家发表自己的感想，如“现在有什么感觉”、“今后打算怎么做”等，并将感想共享给所有人。

使用示例

某餐饮店新招进了 3 名打工人员，加起来总共有 10 名员工。店主想借此机会改变一下店铺氛围，于是便在某天晚上召集大家举办欢迎会的同时让大家填写各自的“使用说明书”。填好后，每个人来说明一下自己的使用说明书，如“听到什么话会很开心”、“别人怎么拜托你办事你才会很有干劲”、“听到什么话或发生什么事就会失去干劲”等。大家可以一边聊天一边加深对彼此的了解。

使用工具时的小窍门

- 有新成员加入后，进行“领导融合会”或“乔哈里资讯窗训练”时实施效果更佳。
- 在团队已经建立了一段时间的情况下，让其他成员补充填写“商品说明”也是一种不错的方法。引导者要注意保证整个过程的氛围和谐。
- 定期进行可以看到每个人的成长和变化。

成员的使用说明书

板书示例

使用说明书

方法

①4~6 人分为一组。
②选出一个主持人。
③剩下的成员通过提问加深了解。
※在规定时间内能填多少填多少。从任意一项开始填都可以。

规则

- 提问的人只能提问（可以问关于其他成员的问题）
- 不进行说教
- 尽量以相互呼应的态度提问

职责分配　作为商品的人和主持人各一名，提问人（剩余成员）

填写示例

【佐藤的使用说明书】　制作日期：________

①商品说明

<规格>　你的特长、特别的经验、优势、卖点等

特长：看起来很开朗→（其实很认生！）。喜欢跟人聊天（不分年龄、性别）。
卖点：擅长给人出主意（毕业后的去向、婆媳问题、恋爱？？？）
经验：喜欢营业的工作、英语口语还不错。

<用途>　“这种时候”或“这种场合”推荐使用！

<什么时候能发挥自己的力量？？>
·气氛陷入僵局时可以带来笑声。还有需要新想法的时候！
·要和其他岗位的人或上司提前打招呼时可以来找我商量！

②本商品（我）的推荐使用方法

●我喜欢的委托工作的方式→总之别人跟我说“交给你啦”我就会很开心！
·工作越难越（有挑战性）有干劲！
·对“只有你能做到”、“只有你靠得住”这类话没有抵抗力。
·看到有人遇到困难就会想帮忙，所以可以跟我说“你来帮帮我吧……”之类的。
●喜欢听的赞扬方式&能拿出干劲的环境
→只要是夸我，说什么我都高兴。说我有趣、个性都 OK。（有干劲的时候）
大家都朝同一个方向努力的时候←就算遇到困难也没关系！
●喜欢听的批评方式&指正方式
不要有所顾虑，有什么说什么。
如果能说一句“这不像你的风格啊。出什么事了，我会更容易接受。

③注意!! 这些事绝对不能做

周围人绝对不能说的“NG 词”、绝对不能做的“NG 行为”是?
偶尔心情会很不好……这种时候请不要过分“关心”我。

④推荐的维修方法，保持“精力充沛”的维修方式

A.状态不好时，就会变成这样……

症状	可能原因	处理
变得不爱说话 眼神交流变少 说 No 的次数增加 计划变少，回复变慢	太忙 ↑ 自由时间特别少的时候	别管我就行！ ↓ 像平时一样就行不要特别关心我静心等待就行等这段过去就好了

B.维修方法——为了防止出现 A 那种情况

●希望周围人能注意一下
——希望上司、团队成员、同事等在职场里如何对待你?
·上司：有时候我看起来很有精神但实际不是，希望偶尔能跟我确认一下。←比如“最近很忙啊，现在完成多少了？”
·团队成员：希望能听我说说话、给些建议。→10 分钟的休息时间里也 OK。
●自己能做到的事
自己可以做些什么以防止出现 A 那种情况?
·如果觉得“有点辛苦”就试着告诉上司和成员们。
·把更多工作交给田中和大下去做。→还能培养一下他们！

其他/备注

感想：怎么说呢，我感觉自己平时也给大家添了不少麻烦。今后工作中遇到问题我不会再自己一个人烦恼，想多依赖一下身边的人。

【________的使用说明书】

①商品说明

规格 你的特长、特别的经验、优势、卖点等

用途 “这种时候”或“这种场合”推荐使用！

②本商品（我）的推荐使用方法

●我喜欢的委托工作的方式

●喜欢听的赞扬方式&能拿出干劲的环境

●喜欢的批评方式&指正方式

③注意!! ~这些事绝对不能做~

周围人绝对不能说的“NG 词”、绝对不能做的“NG 行为”是?

④推荐的维修方法，保持“精力充沛”的照顾方式

A.状态不好时，就会变成这样……

症状	可能原因	处理

B.维修方法——为了防止出现 A 那种情况

●希望周围人能注意一下

——希望上司、团队成员、同事等在职场里如何对待你?

●自己能做到的事

——自己可以做些什么以防止出现 A 那种情况?

其他/备注

◎ 机会图

共享战略视野！

这种时候用得到！

当团队因为部分而忽略了整体时，只要先停下来画出整体情况图来，就可以开阔视野。同时还能促进有关战略性观点的讨论。

工具的用法

1．决定好对象（如右图的示例中以特定客户 A 公司为对象）。

2．画出能够写下所有机会的纵轴和横轴。要努力画出一个直观易懂的图来，比如用面积表现机会的大小。

3．不清楚的地方先写上推断的内容，之后再慢慢向客户求证。

使用示例

右图中的客户 A 公司是一家购买化学原料来生产应用化学制品的公司。把 A 公司的产品按照运输机及汽车领域、农业及食品领域、化妆品及生命科学领域分好类制成图后，并没有立刻得出答案。从该客户的总销售额推断出原料的购买总量为 900 吨左右，然后逐一询问，对各部分的具体大小进行推断调查。完成右图总共用了 3 个月的时间，在这段时间里，营业部部长旁边的白板上一直都被这幅图霸占着。参照图中各部分的规模与成长性、与竞争对手的力量对比、本公司的强项等内容进行讨论，用不同颜色将其分为四个部分并决定出了先后顺序。

使用工具时的小窍门

很多时候我们打算绘制整体图却苦于没有数据。这时不要立刻就放弃，就当是画素描，先推断一下数据，画出个草稿来。之后再咨询相关人员，慢慢收集数据提高完成度。这里没有使用“Map”而用的进行时“Mapping”就是这个原因。绘制过程中，营业负责人也直接参与进来亲自完成，还可以提高工作的动力。

机会图

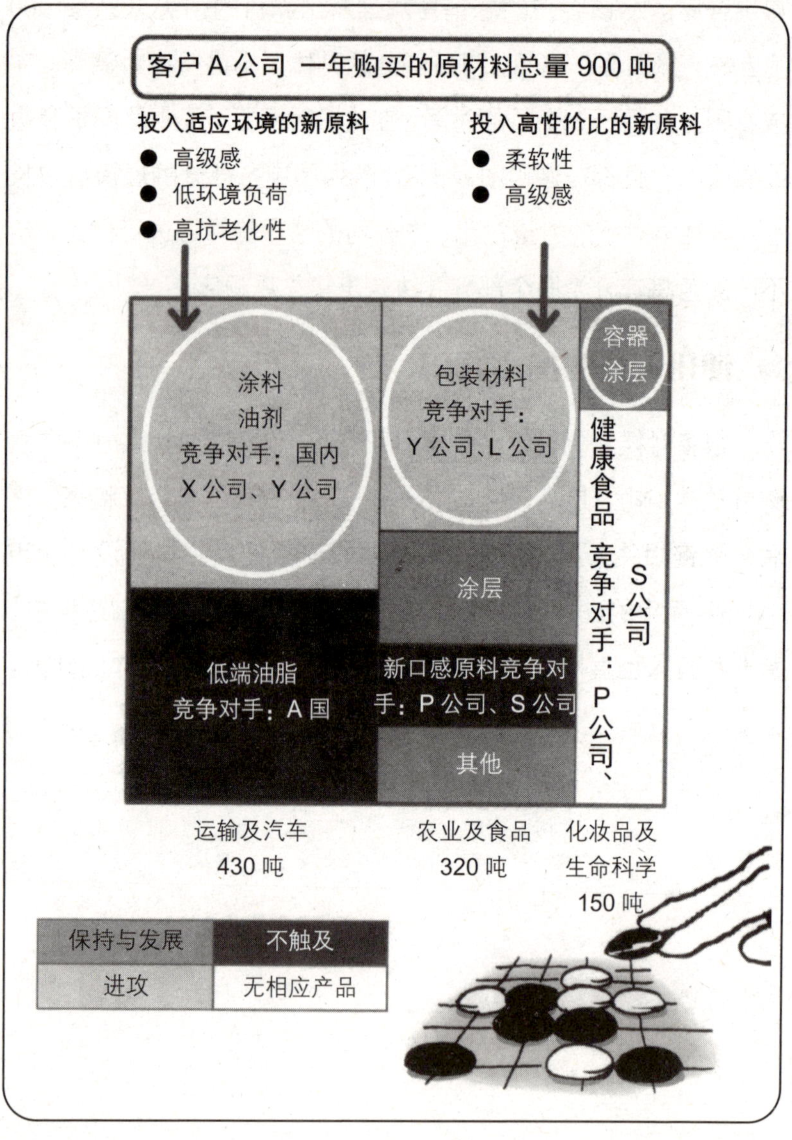
客户 A 公司 一年购买的原材料总量 900 吨
投入适应环境的新原料
● 高级感
● 低环境负荷
● 高抗老化性
投入高性价比的新原料
● 柔软性
● 高级感
涂料
油剂
竞争对手：国内
X 公司、Y 公司
包装材料
竞争对手：
Y 公司、L 公司
容器
涂层
健康食品
竞争对手：P 公司、S 公司
低端油脂
竞争对手：A 国
涂层
新口感原料竞争对手：P 公司、S 公司
其他
运输及汽车
430 吨
农业及食品
320 吨
化妆品及
生命科学
150 吨
保持与发展
不触及
进攻
无相应产品

◎ PREP 法

有条理地去听！去说！

这种时候用得到！

你有时候是不是希望自己说话更有条理呢？PREP 法就是为此准备的特效药。发言时请所有参与者检查是否遵循了 PREP 的要点，一起完成一个所有人都能按条理理解的会议吧。

➘ 工具的用法

1. 引导者宣布所有发言都要遵循“PREP 法”。

2. 向大家说明 PREP 法。

- P：Point（要点）——在最开始陈述。
- R：Reason（理由）——接着陈述理由。
- E：Example（事例）——然后陈述事例、具体举例。
- P：Point（要点、总结）——最后重复要点。

3. 当无法理解参与者的发言时，通过提出问题“R 是什么？E 是什么？”来明确发言内容。

使用示例

某个前辈发言总是又臭又长抓不出重点。想提醒一下吧，又因为对方比较年长不好意思开口。因此，就规定开会时必须用 PREP 法发言。

“在这种情况下，根本没法提高 20%的销售额。就算我们的产品改良了……”

“不好意思，请您用 PREP 法发言，这是今天的规定。P 是什么呢？”

“嗯？P？要点啊……那个，我还是等会儿再发言吧。”

使用工具时的小窍门

- 留出充足的时间说明 PREP 法。
- 将 PREP 法加入会议规则中效果更佳。

PREP 法

我来说说啊
因为有这个啊
也就是说啊
那个
那个东西啊
嗯
怎么说呢——
我的意思是
就是说啊
就是那个啊
那个
太长了！
听不懂！
但是，使用了 PREP 法之后……
Point 是……Reason 是……Example 是……Point 是……
总结得很简练！！
首先我说一下要点
为什么呢
例如
我要说的就是这么一回事
很好懂啊
原来如此

◎ n/5 投票法

迅速筛选后再进行下一步讨论！

这种时候用得到！

好不容易到了要筛选选项的时候，讨论却还在继续，根本没有要做出决定的迹象，这时这个方法会非常有效。会议一般的模式是先听取大家的意见再进行投票，但是其实先投票筛选再听取意见会更有效率。

工具的用法

1．通过展开头脑风暴等方式收集意见。

2．假设意见的数量是 n，就发给各个参与者意见总数量的 1/5 的贴纸。

（例如，有 50 个意见，就准备 50÷5=10 张贴纸。）

3．让所有参与者站起身来，从贴在墙上或其他地方的意见中选择自己喜欢的意见贴上贴纸。

4．从贴纸数最多的意见开始讨论。

使用示例

某小学的家长会正在提议新的课外教学。教导主任让家长们各自将意见写在便笺上，然后贴在会议室的墙上，30 分钟的时间墙上就贴上了将近 60 个意见。教导主任认为假如每一个意见都要听取详细说明，这个会就没完没了了。于是便给每个人发了 12 张贴纸，通过投票来筛选意见。所有人站起身来后就开始投票了，没过多久就筛选出了 10 个有趣的课外教学。"那接下来我们请提出这 10 个意见的人来详细说明一下吧。"

使用工具时的小窍门

- 除以 5 是为了将意见筛选至 1/5 的数量，如果意见特别多，也可以除以 7 或除以 10。
- 使用彩色贴纸时，不同颜色代表不同分数也是一种不错的方法（例如，红色——5 分，蓝色——3 分，黄色——1 分）。

n/5 投票法

⊙ 小专栏

促进参与者发言!

去年 12 月，在我就职的河滨股份投资公司召集了 100 名左右的投资家召开了企业说明会。一开始大约进行了一个半小时的说明，然后休息了 30 分钟就开始吃午饭了。在进入休息时间前，我给每个人发了一张 A5 大小的纸，告诉大家可以把自己的问题写在上面，然后放进出入口附近的提问箱里。

午餐就跟宴会一样，几个人坐一个圆桌，最前排坐着河滨公司的 2 位 CEO。午饭后，由主持人看准时机请参与者提问，但是几乎没有人举手提问。这时我就马上说："那我们就将之前休息时间里收集到的问题拿出来问 CEO 吧。"然后从箱子里拿出写有问题的纸。CEO 用风趣幽默的方式回答了两三张纸上的问题后，主持人再次问会场里的参与者："大家有什么问题要问吗？"这次 100 名左右的参与者中开始有几个人举手了。

像这种参与者都互不相识的大型会议，人们往往很难举手提问。不过，如果有人能率先提出问题打破隔阂，大家提出的问题就会源源不绝了。利用休息时间让大家写下自己的问题，就是为了打破隔阂的一个明智之举。

蜂鸣漫谈会（buzz session）

对于“没法留出 30 分钟休息时间”的人，我向你们推荐小组漫谈会。比如演讲结束后用大约 10 分钟的时间，让会场里的人互相交流。这段时间就称为蜂鸣漫谈会。之后再问：“有人要提问吗？”就会有不少人举手了。蜂鸣（buzz）是蜜蜂或机器发出的响声的拟声词。会场所有人一起说话的声音和蜂鸣声很像，因此而得名。

举个例子，想象一下某市民大会总是弄虚作假。因为大会现场有两百多人，不可能让每个人都提问。但是主办方认为如果不能让每个参加的人都提出问题，这个市民大会就没什么意义了。如果这时给所有人发一个作弊用纸告诉他们“请问这个问题”，那么这个大会就毫无意义了。

这种时候，首先要像宴会一样十几个人围坐成一桌，每桌暗中分配一个引导者。在讲台上进行完座谈会之类的环节后问大家：“你们觉得刚刚的演讲怎么样？”然后给大家留出一段蜂鸣漫谈会的时间。让各桌十几个人展开讨论，内容和人数都可以视实际情况而定，有 10~20 分钟就足够了。然后再问：“大家有什么要问座谈会成员的吗？”应该就会有很多人举手提问。假如大家还是不积极提问，就由各桌的引导者代表整桌人提问：“我们这桌的问题是这样的。”这也不失为一个打破隔阂的好方法。

第 4 章

【高级套装】

提高执行力的 12 个工具

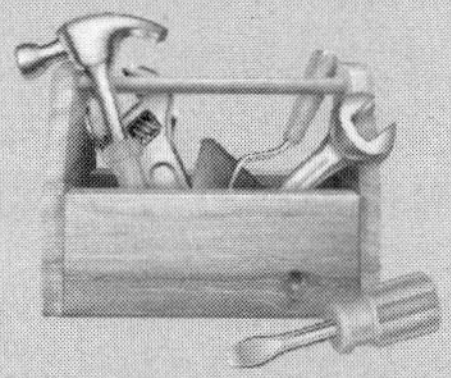

力场分析 ● 思考动力，掌握执行力！

利益相关者分析 ● 找出关键人物，实现计划！

决策树 ● 不要说“决定不了”！

期望与课题的矩阵图 ● 突破课题繁多的头脑风暴！

思维系统图 ● 摆脱恶性循环！

要素图 ● 解决项目延迟问题！

风险评估表 ● 选择最小风险克服危机！

双收益矩阵 ● 找出先后顺序的共同点！

时光机法 ● 享受构筑愿景的过程！

采访英雄 ● 让对方回想起过去的辉煌，重新振作起来！

SWOT 法 ● 用 **SWOT** 提高战略意识！

PPM ● 用痛苦与喜悦的原则打破现状！

◎ 力场分析

思考动力，掌握执行力！

这种时候用得到！

无论多完美的计划，如果没有作用于人心的力量，计划就无法实现。从作用于人心的“力量”角度重新思考为什么执行起来有困难，从而提高执行力，这就是所谓的力场分析。这个工具对于在执行阶段较困难的项目很有效。

工具的用法

1．在白纸上写上一个巨大的 T 字，然后标题写上“××毫无进展的力场分析”，再大字写上“推动力”和“抵抗力”。

2．针对作用于人心的“力”展开头脑风暴，要实话实说。然后在 T 字的左边写上“推动力”，右边写上“抵抗力”。

3．为了更直观地理解力的大小，可以用箭头的大小来体现。

4．针对如何减小“抵抗力”展开头脑风暴。

5．针对如何进一步提高“推动力”展开头脑风暴。

6．针对是否能增加新的“推动力”展开头脑风暴。

使用示例

为了令办公更有效率，全公司开展了无纸化运动。虽然呼声很大，但是却迟迟无法付诸实践。另外，领导又在一直催促尽快执行。如何才能加速无纸化运动的执行呢？办公处在力场分析的过程中发现公司领导西口必须彻底发挥力量。然后想出了一个大胆的奖励机制——将无纸化节省下来的利益（钱）均分给员工，并由宣传部在公司内对此奖励机制进行宣传。

使用工具时的小窍门

- 引导众人说出真实想法并制成分析图。
- 配合问卷调查效果更佳。

力场分析

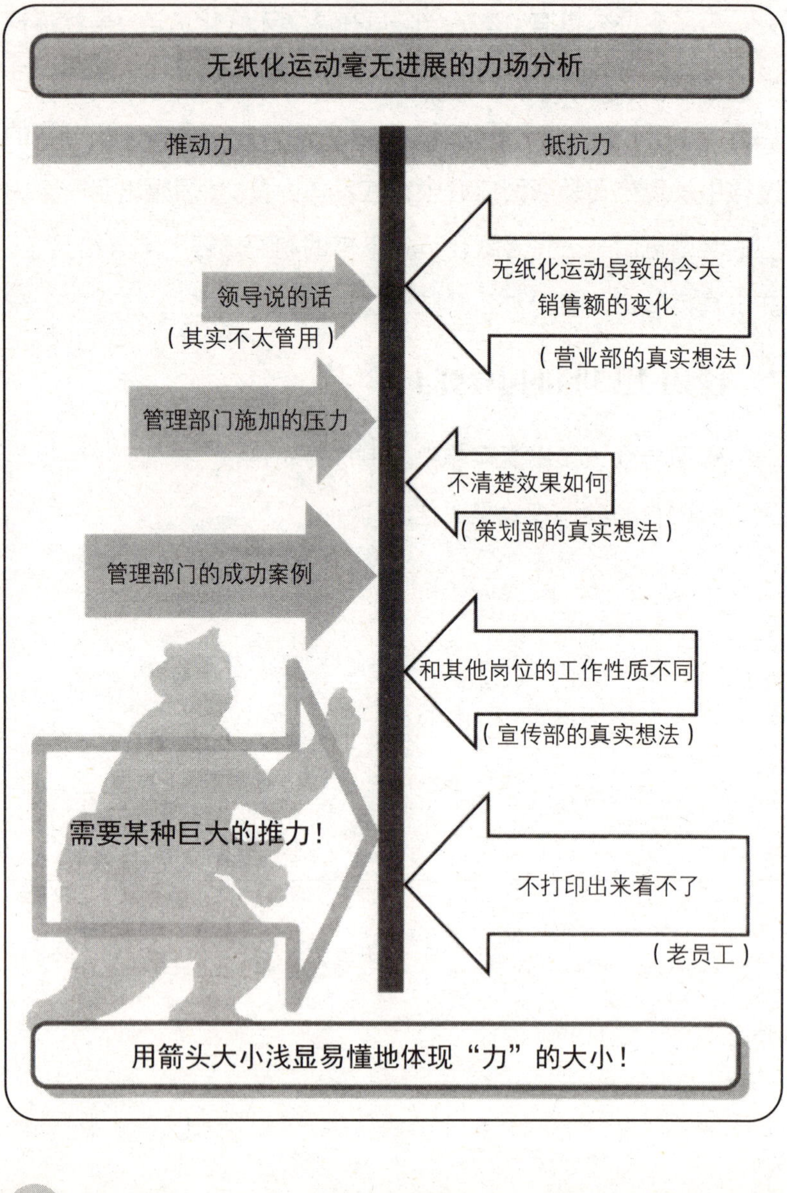
无纸化运动毫无进展的力场分析
推动力
抵抗力
领导说的话
（其实不太管用）
管理部门施加的压力
管理部门的成功案例
需要某种巨大的推力！
无纸化运动导致的今天销售额的变化
（营业部的真实想法）
不清楚效果如何
（策划部的真实想法）
和其他岗位的工作性质不同
（宣传部的真实想法）
不打印出来看不了
（老员工）
用箭头大小浅显易懂地体现“力”的大小！

◎ 利益相关者分析

找出关键人物，实现计划！

这种时候用得到！

在执行阶段最大的障碍还是人。这时就要找出并分析所有利益相关者（Stakeholder），然后找出对策。这个方法还可以用于分析顾客等方面，能提高公司的营业效果。

工具的用法

1．团队一起写出所有能左右计划成立与否的重要关系者。

2．用大、中、小等来评价每个人的重要性。

3．用赞成、中立、反对等来体现对计划现有的态度和应有的态度。

4．写出公司和个人关心的事。这时要注意，不要只看到表面现象，应看透其中隐藏的真实想法（比如，虽然表面装作很冷静，其实心里很在意社长的看法等）。

5．从各种不同角度思考改变对方态度的具体方法（谁、什么顺序、诉求的重点是什么）。

使用示例

某网络创业公司建立以来，在5年的时间里急速发展，现在公司的规模已达100人。迄今为止，技术、营业、人事、财务等一切都是由社长负责，员工只需要按照社长的吩咐正确执行即可。但是为了公司能够进一步发展，必须将权限移交给员工。社长大山曾多次尝试将权限转交给员工，但是由于员工们都习惯了等待上级指示做事，而且社长无法忍受员工的种种行为，于是就放弃了。

受到社长委托的组织开发指导顾问和田，在与5位年轻的员工一起进行了多次研习会后，采取了一些必要措施。某天，和田问团队里的成员："要执行这个计划，会有什么障碍吗？"和田又说："比如大山社长？"听到这话，成员们都点点头，"那我们试着做一下利益关系者分析吧。"和田在白板上将执行计划时的重要人物列出，画出了一个思考对策的大型表格。

使用工具时的小窍门

- 只要大家把正在思考的事情写在表里，就可以找到合适的对策。
- 假如想将此手法运用于营业方面，就要先在顾客之中选出关键人物，并将他们的态度分为"对本公司有好感"、"中立"、"对竞争对手公司有好感"等。然后再根据其重要性分为“决策人”、“决策人的顾问”、“分析负责人”等。和前文一样先分析公司和个人关心的事，思考对策时要具体到：①本公司的谁（不限于营业人员）对哪位顾客以何频率应对；②追求的销售重点是什么。把这些都写出来，就可以制成有组织的战略性营业计划了。

利益相关者分析

	重要性	对方针的态度	理想态度	个人关心的事	工作上关心的事	对策
大山社长	大大	赞成	观望	工作	扩大业务范围	由和田进行指导
佐藤营业部部长	大	反对	中立	维持现有的生活方式	营业部的业绩	作为新体制的重要人物对待，部长培训
田中技术部部长	中	赞成	赞成	汽车狂人	削减成本和开发新产品	无
后藤总务部部长	大	中立	赞成	女儿的婚事	维持和社长的关系	由社长委托制作教育计划，选任为人事部部长

◎ 决策树

不要说“决定不了”!

这种时候用得到!

我们有时会遇到犹豫再三也无法做出决定的事。这时，大家不妨一起画个决策树，共同筛选所有选项并整理收益和风险，这样不仅意见更容易达成一致，也能迅速应对之后情况发生的变化。

工具的用法

1．召集所有相关人员写出选项，在决策节点（□）处用分支来表示。

2．在各分支开头写上做出决定后可能产生的结果。

3．做出决定后在结果不明确的情况下，用概率节点（○）来划分。

4．大家一起推算各分支实现后的收益（损害）可能发生的概率。

5．意见不一致时，就用幅度来表示数值，进行灵敏度分析（加入变化的数值，查看对结果的影响的分析）。

6．计算各个选项的期望值作为决策时的参考。

使用示例

某家电制造商将新开发的手机终端投入市场后，很快就发现有故障。由于故障发生的原因还未可知，也尚未掌握故障发生的频率，因此公司不得不对是否还要发布新闻通稿做出决定。相关成员在自我检讨的时候，也检讨了可能发生的事态对品牌形象的影响。由于其中的不确定因素太多，因此所有人一起推算了发生的概率和预估成本。一边画决策树一边对此展开讨论。

使用工具时的小窍门

发生概率和预期效果原本就都是不确定因素。因此，不要为了追求正确答案而一味地增加讨论的难度，而是要以得出团队能够认可的判断为目标引导讨论。

决策树

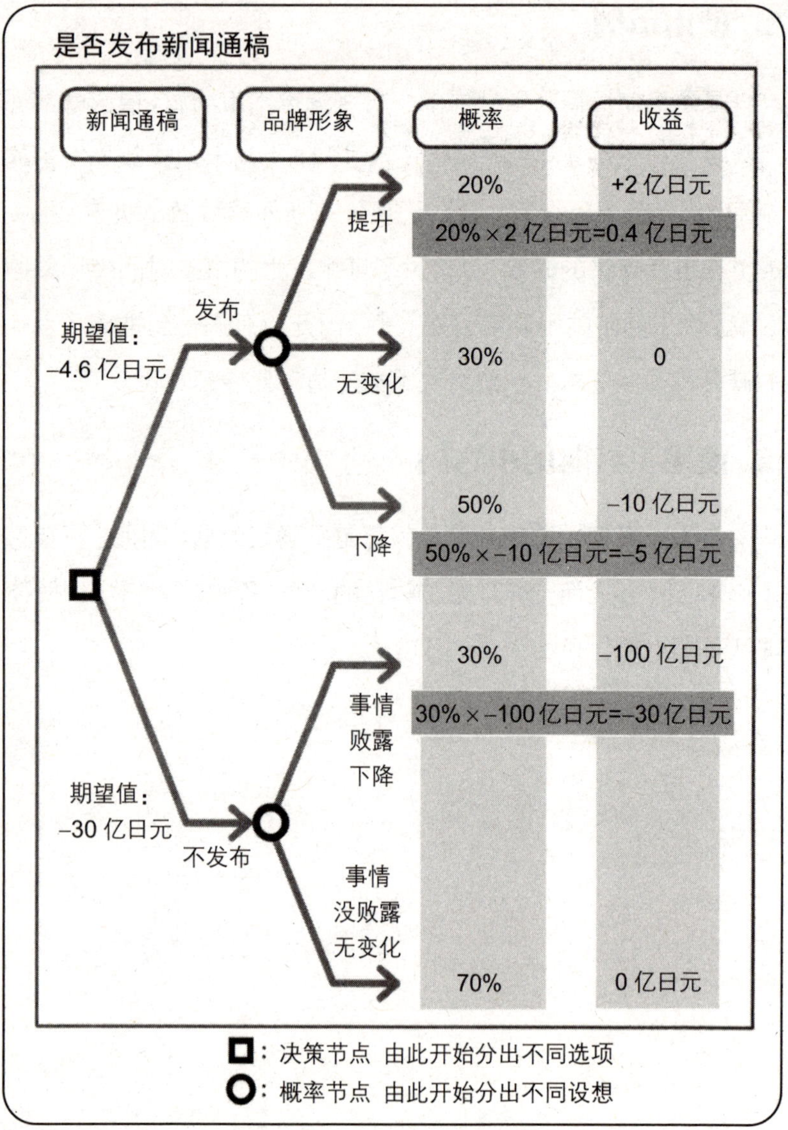
是否发布新闻通稿
新闻通稿
品牌形象
概率
收益
提升
20%
+2 亿日元
20%×2 亿日元=0.4 亿日元
发布
期望值：
–4.6 亿日元
无变化
30%
0
下降
50%
–10 亿日元
50%×–10 亿日元=–5 亿日元
事情
败露
下降
30%
–100 亿日元
30%×–100亿日元=–30亿日元
期望值：
–30 亿日元
不发布
事情
没败露
无变化
70%
0 亿日元
□：决策节点 由此开始分出不同选项
○：概率节点 由此开始分出不同设想

◎ 期望与课题的矩阵图

突破课题繁多的头脑风暴！

这种时候用得到！

未解决问题而展开头脑风暴时，无论谁提出一个想法，都一定会出现“这个嘛……太难了”这种否定他人想法的意见。这时就要同时提取出解决问题的想法（期望）和课题！

➘ 工具的用法

1．展开头脑风暴时，除了写出“解决方案”的纸外，还要准备写出“课题”的纸。

2．当出现否定意见时，就写在写有“课题”的纸上，继续提出解决方案。

3．将解决方案（期望）与课题制成一个矩阵图。然后选出负责人并定好具体时间再另行讨论有关交点处产生问题的部分。

➘ 使用示例

161 页图的示例是进行化学分析的组织针对削减成本展开头脑风暴的矩阵图。过程中提出了外包给中国的大学的想法，却出现了“这样成本反而更高”、“太麻烦了”、“出现紧急情况无法应对”等反对意见。这时不要当场就此展开讨论，而是再准备一张纸将反对意见也作为“课题”写下来并制成矩阵图。对于交点处的问题先选出一个负责人，之后再另行讨论。

使用工具时的小窍门

利用这个方法不仅可以产生好的想法，还能得出课题。这个方法的关键就在于不当场展开讨论，而是先选出负责人，之后再另行讨论这个“课题”是否真的会成为“障碍”。如此一来就可以避免空战（仅限于口头讨论），还有助于实现全新的想法。

期望与课题的矩阵图

期望（解决方案）

- 委托中国的大学进行化学分析
- 减少免费的试验分析委托数量
- 考虑特许销售
- 限制打印机的使用
- 引进实验计划法

课题

- 服务质量低下
- 交给国外做会降低速度
- 担心中国分析的质量
- 国内技术空洞化
- 交给中国做会使业务流程更加繁杂
- 增加后勤工作后反而提高了成本

期待 课题	委托中国进行化学分析	减少试验分析的委托数量	讨论特许销售	限制使用打印机	引进实验计划法
服务质量低下		松尾 1/31			
速度低下					
分析质量低下	田中 2/12				细田 2/19
国内空洞化					
业务流程繁杂化	中西 3/10		西野 2/20		
成本提高					大木 3/5
紧急应对能力低下				铃木 1/28	

◎ 思维系统图

摆脱恶性循环！

这种时候用得到！

每个团队都有其独有的思维模式和习惯。将思维模式和习惯“可视化”，可以帮助我们从客观角度审视思维模式和习惯，同时还可以促进产生不同的想法。当团队陷入恶性循环（不好的思维模式：如兜圈子、消极思维、欠缺对成长的思考等）时，引导者要引导团队发现这一点，并制造帮助团队进入良性循环的契机。

工具的用法

1．引导者先画出现在的思维模式，然后向团队成员提问：“在我看来大家的思维模式是这样的，你们看看这样对吗？”

2．然后问大家摆脱恶性循环的方法，再在旁边画出应有的思维系统图。

3．假如大家在新的思维顺序方面意见达成一致，就对此展开讨论。

4．在彻底习惯新的思维顺序之前，引导者要时刻强制纠正团队成员的思维过程。

使用示例

某家百货商店每年 3 月总会举办一个类似每年例行活动的策划。虽然年末年初才刚举办过活动，但是由于预算对不上账，因此就慌慌张张举办了这个策划。原打算通过这次策划对上账，但是实际上却没什么效果。不仅没有效果，反而还增加了成本，导致对期末活动的经济效果的质疑声不绝于耳。但是如果不做点什么补救就没办法向上司交代，因此就像例行活动一样，反复举办“紧急”期末活动。为了摆脱这一恶性循环，引导者宫本画出了右图下方兜圈子的循环图，然后问团队成员如何才能摆脱这一循环。

使用工具时的小窍门

首先要让团队成员试试能不能自己画出现在所陷入的恶性循环。假如觉得难度比较大，就干脆让引导者给出提示再由团队来完成。

思维系统图

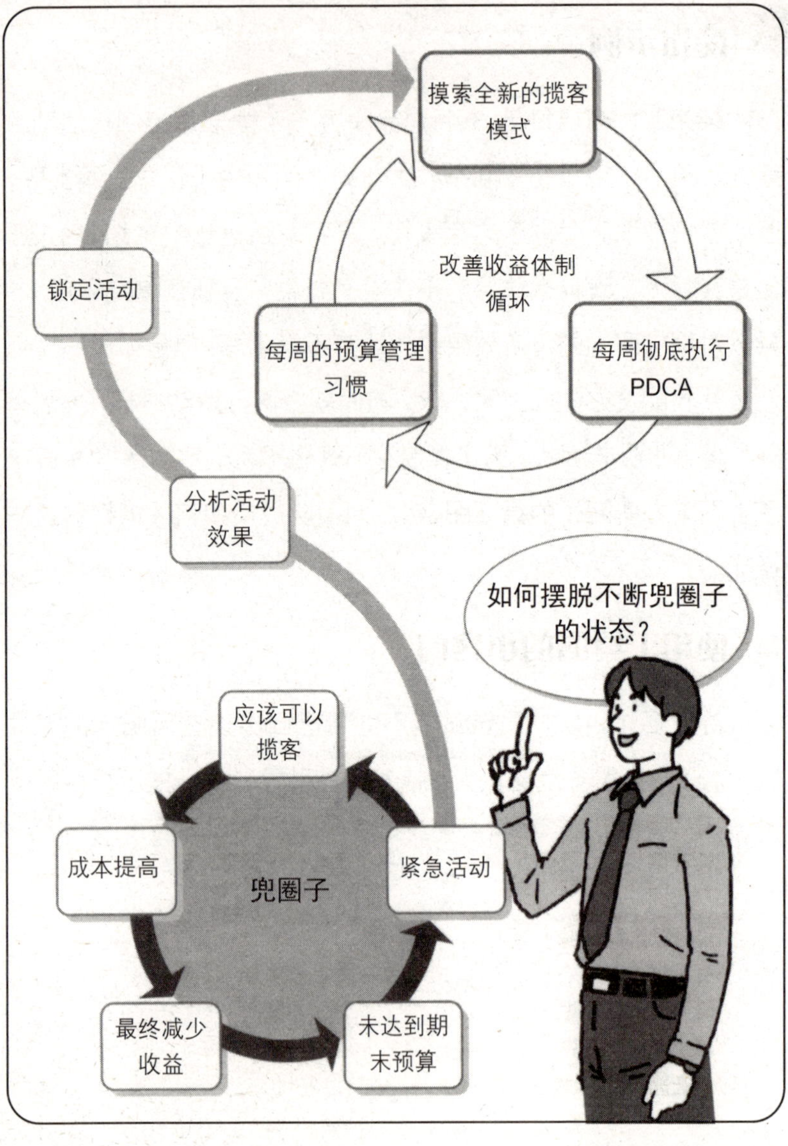
摸索全新的揽客
模式
改善收益体制
循环
每周的预算管理
习惯
每周彻底执行
PDCA
锁定活动
分析活动
效果
如何摆脱不断兜圈子
的状态？
应该可以
揽客
成本提高
兜圈子
紧急活动
最终减少
收益
未达到期
末预算

◎ 要素图

解决项目延迟问题！

这种时候用得到！

在综合多个活动以达成目标的时候，计划往往都会延迟。这个工具可以帮助团队冷静判断完成计划的可能性和思考提高可能性的方案。还可以用于日程比较紧张，或是打算通过综合各要素的技术来开发新产品等情况。

工具的用法

1．将准备开发的东西分解为概率上互相独立的要素。

2．将各要素间的关系明确画出来，让所有相关人员都看到。

3．估算期限内各要素达成目标的概率，再根据各要素的概率计算达成最终目标的概率。

4．假如达成目标的概率较低，就针对如何提高概率展开头脑风暴。

使用示例

如 167 页图所示，为了在期限内达成目标技术××，必须先开发 A~D 四个独立的要素技术。如 167 页图下方所示，思考各要素的达成概率，推断出在目标时间内完成开发的概率约为多少。在这个示例中，要素 D 是瓶颈，照这样下去按时完成的可能性非常低。因此就必须认真思考，是购买一个代替要素 D 的技术还是推迟期限。

使用工具时的小窍门

可能很多人都认为要素分得越细概率就会越小，其实这个想法是错误的。概率上互相独立的事项，分得越细，各要素的达成概率就越高，因此整体的概率应该是不变的。引导者应该具备这种能力打开相关人员心扉，并和他们分享目标究竟是基于什么要素和风险（概率）而成立的。

要素图

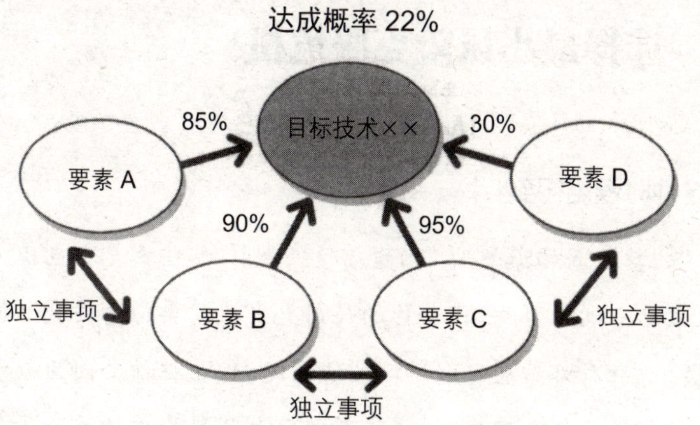

85%×90%×95%×30%=22%

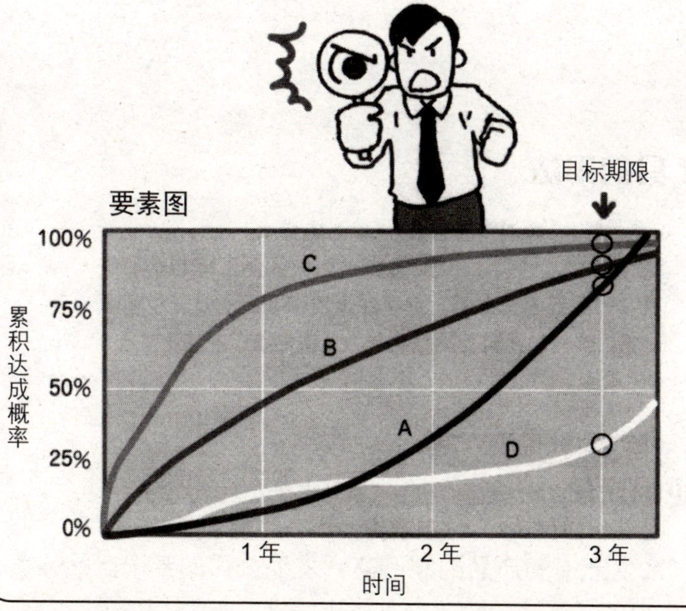

◎ 风险评估表

选择最小风险克服危机！

这种时候用得到！

“虚假问题曝光！”“出现质量问题！”这些都是在电视上经常能看到的事件。假如你的公司也发生了类似事件会如何呢？所有人都希望可以迅速处理问题，但是往往会因为数量过多导致无法全部处理好。这时就要利用风险评估表来集合组织里所有人的力量，在处理问题时将损失控制在最小范围内。

工具的用法

1．列出判断风险大小的评估项目。

2．明确风险评估指数。

3．列出所有评估对象，对照各个评估项目打分。

4．按指数大小排序。

使用示例

一家生产中间产品的制造商，发现公司的某个产品强度不足。于是迅速成立了由技术、市场营销、销售、法务相关人员组成的危机管理团队。团队领导山田提出问题，然后大家一起讨论评估风险大小的项目。最终得出了“销售数量”、“用途的危险度”、“客户的重要度”三项。为方便查看，将评估指数定为 1、5、9，而与人命相关的项目则特别标为 1 000 分。数字越大危险度越高。然后开始以近 500 家公司的客户为对象，进行决定先后顺序的风险评估。

使用工具时的小窍门

- 遇到危机时很难做出冷静的判断。引导者平时就要时刻做好准备，以便在出现危机时可以提出能使团队避免陷入恐慌的提议。
- 用 Excel 制成评估表，再投影到墙上收集大家的意见，可以提高应对危机的效率。

风险评估表

评估项目是什么？

销售数量：数量越多，越有可能引发事故。

用途的危险度：一部分用途很安全。

客户重要度：必须控制好客户的反应，避免客户陷入恐慌。

客户名	风险指数 （a）×（b）×（c）	销售数量 （a）	用途的危险度 （b）	客户的重要度 （c）
A 公司	1	1	1	1
B 公司	125	5	5	5
C 公司	729	9	9	9
D 公司	9 000	9	1 000	1
·	·	·	·	·
·	·	·	·	·
·	·	·	·	·

评估对象视情况而定

选择指数时要注意张弛有度

同时也要设定例外指数

风险指数用评估项目指数的乘积表示。指数越高越危险！

◎ 双收益矩阵

找出先后顺序的共同点！

这种时候用得到！

如果总是反复争论“先后顺序不对”，就容易总是着眼于细微的差别，而失去了对整体情况的把握。这时，双收益矩阵就能派上用场了。让意见相左的人分别制作一个收益矩阵后进行对比，就会发现其实有很多共同之处。

工具的用法

1. 一起商量后决定收益矩阵的纵轴和横轴。
2. 按不同意见分组，然后分别制作收益矩阵。
3. 综合各组的收益矩阵，找出共同点。
4. 讨论是否可以把共同点选出来率先执行。

使用示例

A 公司与 B 公司正在讨论有关今后 2 年里的综合事业。他们在 11 项事业的先后顺序和战略上的意见产生了分歧，感觉交涉即将决裂。后来某一天继续讨论时，引导者各交给两家公司一张画有收益矩阵的透明表格，并让他们把 11 项事业写上去。写好后把两张表格重合后用投影仪投影在大屏幕上，就会发现在排序靠前的重要事业方面彼此的意见是一致的。与其继续在这里纸上谈兵；不如先综合一下意见一致的事业，其他的内容以后再继续讨论。如此一来事态就马上扭转了，很快便得出了结论。

使用工具时的小窍门

大多数人比起共同点都更重视不同的部分。因此，必须让大家意识到从大局出发，着眼于共同点的好处。

双收益矩阵

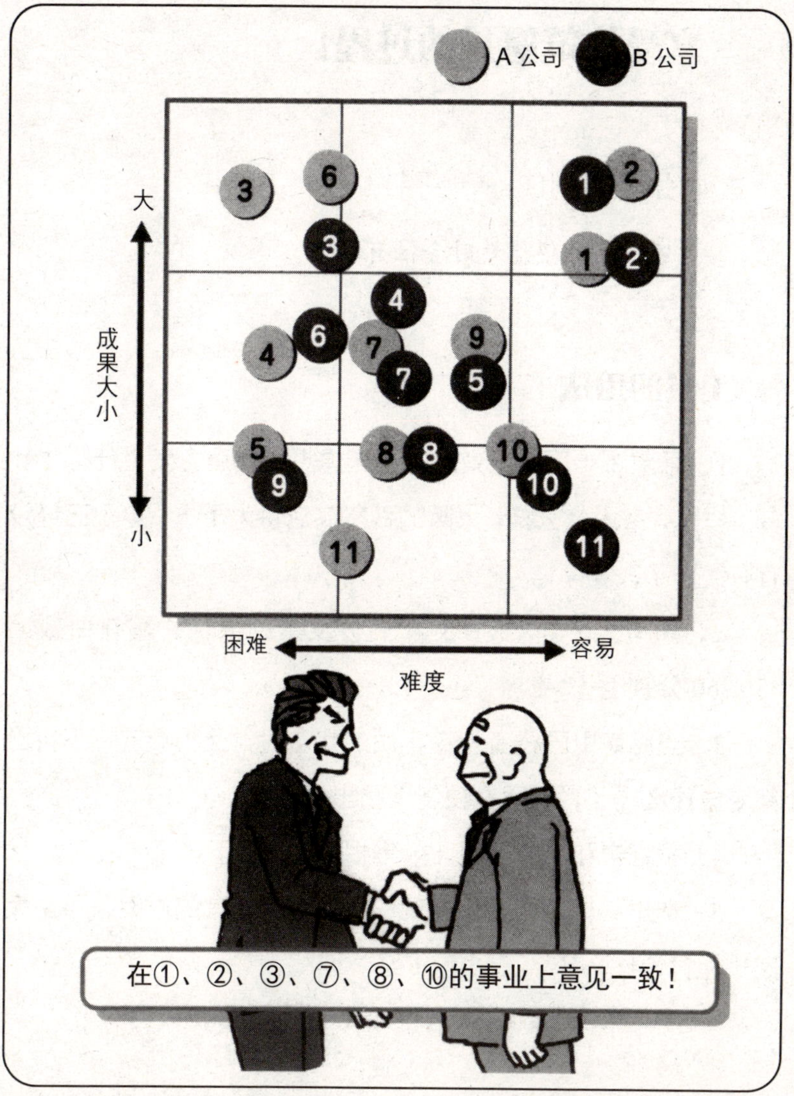

◎ 时光机法

享受构筑愿景的过程！

这种时候用得到！

大家一起展望愿景时会很有帮助。

工具的用法

1．思考3年后的愿景时，要先想想3年后会发生什么（我多少岁了，家人怎么样，大阪的百货商店供大于求，电视已经没有有线台了，等等）。

2．所有人一起讨论 3 年后会发生的事，并写在白板上（30~60分钟）。

3．当脑海中已经变为3年后的状态时，互相交流一下自己都变成什么样了，并写在便笺上贴出来。

4．根据亲和图的要领，收集相似的内容。

5．选出一个人作为代表制作一个愿景宣言的原案，再由大家一起讨论！

使用示例

百货商店是一个竞争非常激烈的行业。一个地方型主力百货商店召集了骨干员工开始构筑 3 年后的愿景。周五傍晚大家集中在研修所后，由引导者土屋提出问题："大家 3 年后多少岁了？""到时家庭怎么样了？"

吃过晚饭后再重新聚到一起，这次要讨论的是社会的地区经济。第二天早上，再问大家："你们希望自己的百货商店变成什么样子？"

每个月开 1 次这样的会，重复 3 次左右就能构筑出愿景了。

使用工具时的小窍门

- 准备一些帮助理解的关键词，就更容易总结并得出结论了。
- 对照 176 页图下方的"优秀愿景的条件"细化愿景宣言。

时光机法

愿景宣言示例

我们将会发掘地区特产，凭借××品牌向东北亚展开零售业务并成为业界中的佼佼者。

- 独立品牌商品销售额占比：20%。
- 经常性净利润率：4%。
- 员工满足度：65%。

优秀愿景的条件　自检表

- □ 能浮现在眼前
- □ 诉诸于感性
- □ 方便记忆
- □ 从愿景宣言来看很有吸引力
- □ 可以预测进展

◎ 采访英雄

让对方回想起过去的辉煌，重新振作起来！

这种时候用得到！

当成员们失去信心，团队中的能量逐渐消失时，使用这个工具可以帮助他们重新发现自己的强项和潜在能力，重新振作起来。

工具的用法

1. 召集团队成员，每两个人分为一组。

2. 给每个人发一张“采访英雄的方法”（如 179 页图所示），让他们认真阅读。

3. 每个人有 30 分钟左右的时间采访（2 个人 1 小时）。

4. 采访结束后，互相将对方当作英雄（主人公）向其他小组介绍。

5. 介绍完最后再加上一句：“相信今后如果遇到××的情况，他也能发挥自己的作用。”

使用示例

某制造商的营业部由于生意萧条，大家工作时总是死气沉沉的。为此，营业部的 12 名员工在某个周五傍晚集中在了区会馆里，准备实施采访英雄的训练。晚饭前，各组结束了采访环节。晚饭过后，每次由两个人站起来介绍对方。在得知多年来一起工作的同事竟然还有这么优秀的一面或过去后，自然而然就可以感受到对方今后的无限可能性，如此便提高了大家的集体感。

使用工具时的小窍门

在公园、饭店、度假村之类的地方进行，利用非日常的空间，会比在职场进行更有效。

采访英雄

采访英雄的方法

目的

发现每一个成员的动力核心（核心的潜在能力），使之显现出来。

什么是动力核心?

就是某种能力。例如，令他人信赖的性格、活跃团队的能力、成果、经验等各方面，范围很广。

采访的方法

两人一组，通过提问找出对方的动力核心。例如下列问题。

找出动力核心的问题示例

- 回顾你的一生，回想起你最闪耀的时刻或感到自己的人生很有意义的时刻。告诉我你当时是什么样子。
- 你觉得自己什么时候精神最饱满?
- 请回想一下你来到现在这个公司之后体验过的“最棒的瞬间”。那是什么时候?
- 在工作方面或组织里，你认为自己的动力核心是什么？别觉得不好意思，有什么说什么。
- 你认为之后可能实现的“最棒的瞬间”会是什么样的?

采访的态度

- 采访对方时要表现出自己很感兴趣，表现出你深有同感以及为对方着想的态度。
- 在采访前提前想好问题，以便采访时能找出对方自己也没察觉到的动力核心。另外还要注意在对方回答问题时做出适当的回应。
- 中立性的问题（例如，这是为什么呢？）可能会令对方产生消极的情绪。因此，请反复使用积极的词汇以达到令对方感到心情愉快的效果。

◎ SWOT 法

用 SWOT 提高战略意识!

这种时候用得到!

在构筑愿景和制定战略的前期阶段,需要提高共享问题和解决问题的意识时,SWOT[优势(Strength)、劣势(Weakness)、机会(Opportunities)、威胁(Threats)]法会很有效。

工具的用法

1. 将自己的特征分为优势和劣势,并分别列举出来。

2. 将外部环境分为机会与威胁,并分别列举出来

3. 将优势和劣势与机会和威胁合起来看,讨论今后该怎么做。

使用示例

某化妆品制造商在制定中期计划之前,策划部部长大月和主要员工一起回顾去年的工作,冷静地写出了本公司的优势与劣势。接着又另行分析出了今后外部环境中的机会与威胁。然后将

两部分内容都誊写到一张矩阵图中，通过讨论“如何利用‘优势’获得‘机会’”和“应采取什么对策才能避免在‘威胁’面前显露‘劣势’”，从而巩固了中期计划的基本方针。

使用工具时的小窍门

- “优势”与“劣势”、“机会”与“威胁”要多花点时间分别写出来。假如时间太短，写出来的就都只是表面的东西。
- 相比 182 页图下方的矩阵图，将每个组合分别拿出来花时间讨论会更好。

SWOT 法

板书示例

S 优势

生物技术的基础研究能力
很会提建议的店铺销售员
顾客信息系统
……

W 劣势

品牌知名度停滞不前
制造的生产率低迷
种类单一
……

O 机会

大家对美容和健康的兴趣增加
对指导顾问的需求量增加
关心环境问题
……

T 威胁

价格竞争激烈化
低价商品的兴起
修改法律产生的制约
……

		优势	劣势
		生物技术的基础研究能力 很会提建议的店铺销售员 顾客信息系统 ……	品牌知名度停滞不前 制造的生产率低迷 种类单一 ……
机会	大家对美容和健康的兴趣增加 对指导顾问的需求量增加 关心环境问题 ……	店铺里配备指导手册 新产品阵容 一对一的市场营销 ……	生产新产品的制作计划 （不进行只能提高生产率的改善工作） ……
威胁	价格竞争激烈化 低价商品的兴起 修改法律产生的制约 ……	开发符合规定的产品 通过强化提议能力避免价格竞争 ……	以强化品牌力为目标开设新的店铺 ……

◉ PPM

用痛苦与喜悦的原则打破现状!

这种时候用得到!

这是用来帮助组织变革的工具。抵抗变革的人远比我们想象的要多得多。从深层心理学的角度来讲，是源于对不变的喜悦和对变革的恐惧。这个工具就是用于分析这一心理，将“不变的喜悦与变革的痛苦”转变为“由不变产生的痛苦与变革带来的喜悦”的。

工具的用法

1. 制作“改变”、“不变”与“痛苦（成本、缺点）”、“喜悦（利益、优点）”的矩阵图（参照 185 页图）。

2. 让参与者填写矩阵图并共享不变的部分。

A+D＞B+C → 不发生变化=不变

A+D＜B+C → 发生变化　=改变

3. 引导参与者讨论该采取什么措施将 A 变为 B、D 变为 C。

- 如何减弱变革的痛苦（A）并强化喜悦（B）?
- 如何剥夺不变的喜悦（D）并提高痛苦（C）?

使用示例

营业部所有人都非常忙碌，目前正处于希望能改善这接踵而至的业务的状态。如果这样继续下去，这个部门马上就要垮台了。之前虽然试着改革过很多次，但都没能坚持下去。新上任的营业部部长召集所有营业部的负责人，利用 2 天 1 夜的合宿时间，通过 PPM 与所有人共享了部门无法改变的原因。此后，公司每个月都会合宿一次，讨论如何才能改变（A+D<B+C）。

使用工具时的小窍门

- 不要一上来就制作矩阵图，先多花点时间逐个详细讨论一番。
- 引导大家回想起处于 D 状态时的恶劣心情，并培养他们的问题意识。
- 比较 B 和 C，认识到理想与现实的反差。变革的喜悦可以换成理想或愿景（参照时光机法）。

PPM

	痛苦	喜悦
改变	A ● 改变现有体制会遭到顾客投诉 ● 必须记住新流程 ● 改变现有体制还要多花预算	B ● 业务更有效率之后就有时间开发新顾客了 ● 引进共享工作方法后能更有效地培养人才
不变	C ● 发生大问题时无法及时应对 ● 顾客会被其他公司抢走 ● 无法从经验中学到教训总是重复相同的失败	D ● 只要不发生重大问题，保持现状就可以做好本职工作

* PPM（Pain Pleasure Matrix，痛喜矩阵）是由船川淳志提出的框架结构。

◎ 小专栏

在公司中开始引导！

某家公司非常注重上情下达的传统。K 先生是该公司新上任的社长，他以前拥有很强的危机感认为“这个传统在现在这个时代里无法生存下去”，于是便来找我商量该怎么做才能有所改善。为了帮助他改革这一公司传统，我用了 6 个多月的时间进行了改革传统的项目，并成立了一个引导能力的研修小组。

首先，我们设置了一个对公司而言很重要的课题。最终我们选定的主题是“提高 10%的销售额”。因为是改革传统，一开始大家想到的都是“领导力”、“提高动力”之类抽象的内容。于是我便要求大家选择那些可以用数字计算效果的主题。在此基础之上，再选出 8 名左右的项目成员。当然，小组成员除了有营业部的，还有市场营销部的、技术开发部的以及采购的负责人。

最初的两天，我让所有人聚集在了研修所。第一天进行了引导能力的研修。第二天是让他们将第一天学到的内容作为自己的课题现场讨论。我偶尔会指导他们几句，很自然地控制研修的流程。例如，“你没有看清成长机会的整体情况啊。不如先试试制作一个‘机会图’吧？”“画个‘流程图’思考一下现有体制的弱点吧。”“咱们分成两个小组，比赛 30 分钟之内哪组想出的解决方案最多。输了的请吃晚饭。”

经过两天的集中研修后，我让他们每个月向我报告一次项目的进展状况，然后给他们一些建议。例如问大家：“你们对待临时工是否也是‘上情下达型’呢？不要只把临时工当作劳力来用，要把他们当作头脑来灵活利用。这才是真正的引导。你们认为该怎么做才好？”然后让大家互相交流一下意见。或是提出建议：“不如试试‘力场分析’吧。”来引导碰壁的小组去思考修正行动的必要性。在执行阶段会出现会议中无法体验的真实课题。话虽如此，但 95%的参与者都经历过实际的行动。他们每个月会来我这里 1 次，届时我就会为他们制造自主交流的时间，让他们将实际遇到的课题也当作讨论的目标来寻找答案。

在结束了历时半年的项目后，项目组成员向社长 K 先生报告了成果。其实这次距离目标的 10%还差一点，不过却得到了 K 先生赞赏的回复：“员工们用自己的创意努力研究，反复尝试了多种方法，为了达成目标拼命努力。这一点我已经充分感受到了。”

假如所有公司的社长都像 K 先生这样积极主动就再好不过了。然而各位读者的公司领导可能并非如此，甚至可以说大部分都不是这样。那么各位希望在公司里能利用引导能力的读者，从这个故事中可以学到些什么呢？

首先，大家不要办一些单纯学习引导方法的学习会，我推荐大家指定一个能用数字体现成果的课题，然后再由团队一起来完成这一课题。为什么能用数字体现很重要呢？这是因为假如不将业绩数字作为目标，引导小组就很容易变成一个让大家关系变亲密的同好会。

还有一点，就是每次都必须有一个专门的引导者。作为当事人的同时还要引导是一件非常难的事。因此，当所有人都是“当事人”的时候大家就会忘记引导，变成一场“没有裁判的足球赛”。

关于引导者的人选，我推荐大家每次选择不同人来担任。另外，每次会议结束时加上“三言两语带离讨论”或“回顾时间”之类的环节，可以提高所有人的引导能力。将每天的工作当作主题锻炼引导能力非常具有实践意义，但是有一个很大的缺点，就是容易忘记。例如：①担任引导者的人是否能贯彻执行引导工作？②不要一直口头讨论（空战），是否做到了写出来、画出来（陆战）然后大家一起讨论？③是否分配好时间集中精神讨论了？④是否在努力提高工作的干劲？⑤是否充分利用了包括临时工在内所有人的头脑？希望大家能时常想起以上这些问题。

后 记

森　“引导者工具研究会”的各位，感谢你们的参与。我至今还记得大约 12 年前，我初次接触引导时，强烈地想要知道引导都有什么工具。很开心能和大家一起完成这本 12 年前的我看到一定会买的书。执笔过程非常愉快。

各位平时经常会使用书中介绍的“工具”，那么从使用者的角度，大家有什么想对本书的读者说的吗?

东出　我以前也属于那种想掌握更多工具的类型。现在想来，其实用 5 种左右的工具就足够应付 80%以上的情况了。说起来应该就是能熟练使用工具非常重要吧。在此我推荐各位读者可以选择几个适合自己的工具并熟练掌握使用方法。

大岛　假如你不了解工具的优缺点，就无法顺利使用工具。因此，有足够的自信说出“我比任何人都擅长使用这个工具”，一定可以成为支撑引导者的力量。我最擅长的工具是思维导图和 PREP 法。果然具备几个擅长的工具，遇到特殊情况时就会特别有把握。

新冈　我说的可能和大岛正相反，我认为使用工具时太自负也不好（笑）。最常见的模式是先从说明工具用法开始。对在场的人而言，根本不在乎工具的名字是什么，只要简单易懂又有效果就行。我认为“熟练使用”还有一种含义是要知道如何能自然而然地将讨论内容与工具联系起来。有时说明工具用法的确很重要，不过首先要制造出符合当时情况的流程。

田代 营造一个让参与者可以安心发表意见的环境非常重要。虽然这个不属于“工具”。如果担心我说这些会不会遭到其他人的反对或是没什么自信，可以提前在会议基本规则里说明“不许否定他人”。如果担心自己话说的不好会影响他人判断，就要注意向对方确认“我们要互相遵守保密义务”，等等。还有，如果比较在意怕通过笔迹认出内容是谁写的，引导者可以选择所有意见都由专人代写。引导者谈谈自己本身的问题和失败的经历，也可以营造出一个易于交流和讨论的氛围。

东出 我很赞成田代的意见。自己发言之后，会不会被人无视？会不会遭到否定？会不会被人嘲笑？一想到这些，就会变得很胆小。其实我也会有这样的想法。不过我不希望参与者们也产生这种想法。引导者和引导工具也是为此而存在的。除了田代前面说过的，我们还必须把工具分为发散和总结两类，写在便笺上。这些之后一定有助于实现大家的想法。真是不好意思，一直是我在说，下面请让我再多说两点（笑）。

第一点，是引导者并不孤单。讨论开始变得混乱、失去控制、有人遇到困扰等这些问题，我们肯定都有可能遇到。当遇到这些问题时，让你不要有丝毫畏惧，确实有些强人所难，这种时候你要坦诚地把实际情况告诉参与者，问大家认为该如何是好。参与者中一定有人能帮到你。

第二点，说来说去还是要做好时间管理工作，这是基本也是最能得到他人感谢的一项工作。无论是洽谈会还是公司会议，只要人们聚集在一起，大家就已经把宝贵的时间交给你来管理了。所以你必须尽可能避免浪费大家的时间，做好时间管理的工作。这可能比引导工具更基本，却非常重要。当你觉得很不安时，先向参与者说明步骤和结果，再寻求他们的帮助。如此一来，进展就会更顺利。

细田 要做到熟练使用工具需要时间，必须经历多次失败。因此，如果心里总想着“等我充分了解这个工具之后再用吧”而害怕失败不敢向前迈出一步，那就永远无法熟练使用工具。我也属于从外形入手的那类人，自己一知半解的时候就去使用确实很容易产生惧怕心理。所以干脆把所有真实想法都说出来，不就轻松多了？例如说：“我前几天买的书里写了这么一个解决方法（工具）。要不要试试看？”不过当时千万不要忘记告诉对方，使用这个工具是出于什么目的，如此一来所有人就可以共享目的。另外，在感觉进展不太顺利的时候，还可以得到其他人的帮助和建议，例如，“这里这么做感觉工具使用起来会更顺利吧。”而且我觉得这样就算是大家一起完成的了，不是更好吗？不过，用自己的必胜绝招迅速解决问题也很帅（笑）。

大家需要注意一点，就是不要将本来的目的（例如解决某问题）抛诸脑后，只顾着自己能否熟练使用（顺利使用）工具。必须明白工具充其量也就只是个工具而已。

松尾 我认为对引导者来说最重要的因素前三名是“勇气”、“不气馁的心”和“冷静”。无论你的讨论环境营造得多完美，工具使用得多熟练，都会遇到令你感到困扰的状况。这时，就要抱着“想办法解决”的心态真诚地去面对。即使进展不顺利也不要气馁，要多尝试几次。引导者努力不放弃的身影，参与者们一定会第一时间感受到，表示理解并伸出援手。这和东出前面所说的“引导者并不孤单”的意思是一样的。我这个人比较笨，也能通过这个方式身体力行，逐渐掌握了“工具的使用方法”和“克服困难的方法”。

中西 如果讨论总是偏离主题，或是有人提出不同的“工具”，有时就无法达到预期的效果。遇到这种情况，首先可以试试遵循“工具的使用方法”贯彻执行引导工作。假如会议结束后你还是认为讨论进行得不太好，就试着回顾一下整个会议，思考一下“工具是否按照使用方法使用了”、“自己还有没有什么可以努力的地方”、“是不是用别的工具更好”等问题，这样可以为下一次的引导积累经验。

西野 没错。总之要先试着做做看，自己也回顾一下整个过程。然后问在场的人：“感觉如何？”“这样做有没有哪些地方会变得更好？”这样做既可以发现可以改善的地方，同时也能让大家都参与进来，可谓是一举两得。

大岛 大家应该都有过使用了工具也未能达到预期效果的

经历。这种时候大家也一定要相信最后这里（会议）一定会产生好的结果。我认为身为一个引导者，必须拥有这种不气馁的心。

檀野　就我个人感觉来说，最近“引导”这个词太超前了，很多人过分注重气氛活跃、多听取意见、交流等方面，反而令会议本身的效率非常低。也可能是我多心了吧。无论是会议本身还是引导，都不是我们的目的。我们的最终目的是要共享某些信息，把工具作为一种手段来使用，从而令社会变得更好。

大木　对此我有同感。无论哪样工具，都具有语言相对其他方面过于超前的倾向。此外，单独采纳某种手段也不太好。例如，听到别人说“倾听（active listening）很重要”，有人就会做出一副倾听的样子。我就是认为这样做不太对。我觉得必须明白这句话的本质，能提出一些能加深成员间相互理解的问题才对。比如一个公司召开会议，却找个完全没有相关知识的人来引导，这根本不合理。能够正确理解工作的人为了工作做得更好而掌握引导能力，我认为只有在这个基础之上才能真正做到活用引导工具。

森　本书的基本理念是“将工具尽可能浅显易懂地排列成‘工具箱’”，不过除了“工具”之外还有很多重要的因素。所以我们也希望能为读者们提供一个可以共享信息的平台。

森 时彦

本书由汪婷、朱彦泽、夏敏、李猛共同翻译完成。

反侵权盗版声明